LA COCINA DE PATRICIA QUINTANA

VEGETA

LA COCINA DE PATRICIA QUINTANA

- Sopas
- Chiles
- Carnes
- Cocina mexicana al natural
- Pescados
- Aves
- Vegetariano
- Postres

VEGETARIANO

PATRICIA QUINTANA

OCEANO

VEGETARIANO

© 2010, Patricia Quintana

© Pablo Esteva (por las fotografías)

D. R. © Editorial Océano de México, S.A. de C.V.
Boulevard Manuel Ávila Camacho 76, 10º piso,
Colonia Lomas de Chapultepec, Miguel Hidalgo,
Código Postal 11000, México, D.F.
 Tel. (55) 9178 5100
info@oceano.com.mx

Primera edición: 2010

ISBN 978-607-400-383-3

Hecho en México / Impreso en España
Made in Mexico / Printed in Spain
9002946010910

LA COCINA DE PATRICIA QUINTANA
VEGETARIANO

ÍNDICE

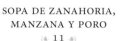

LA COCINA DE PATRICIA QUINTANA
VEGETARIANO

———

PRESENTACIÓN

El arte culinario mexicano es una expresión humana que refleja la comunión perfecta de la experiencia sensorial de los dones de la tierra y el amor por las tradiciones y las enseñanzas que hemos heredado de nuestras raíces.

Nuestra gastronomía nace y se recrea a través de los sentidos. La apetencia por los guisos tradicionales surge cuando admiramos el colorido de los mercados: las canastas de palma tejida rebosantes de quelites, lechugas, rábanos, jitomates, papas, cebollas blancas y moradas. Al sentir la textura de los chiles anchos, poblanos, mulatos, serranos; de las hojas de maíz secas, de los nopales, de los miltomates, evocamos el recuerdo vivo de su sabor tan familiar. Los aromas del cilantro, el epazote, la hoja santa, de las hojas de aguacate y de plátano despiertan el antojo por la infinidad de sazones que matizan el sabor del maíz, el frijol, las carnes, los mariscos, los pescados.

La diversidad de ingredientes que forman parte del festín culinario es una característica muy valiosa de nuestra gastronomía, sin embargo, el elemento que le da esa identidad incomparable es el corazón que ponen las mujeres en esta noble tarea. Esta devoción es parte de las tradiciones que provienen desde la época prehispánica; de nuestros abuelos, quienes de boca en boca, de corazón a corazón nos enseñaron a apreciar con humildad a la naturaleza y sus frutos. Para ellos, el mundo natural y lo sobrenatural se entrelazaban, ligados íntimamente en el equilibrio cotidiano. Así, las artes culinarias matizadas por un sentimiento sagrado y místico alimentan tanto al cuerpo como al espíritu de los hombres.

La fusión con la cultura occidental y la oriental permitió un gran enriquecimiento gastronómico. Este legado se mantiene vivo en nuestras propias recetas que se han hilado con diversos gustos que llegaron de otras tierras: de Europa, las almendras, el aceite de oliva, las cebollas, el ajo, la leche, los quesos, la crema, el puerco, el vino, las aves; de Asia, la pimienta negra, el jengibre, la soya, el arroz; del Caribe, el arroz con pollo, el pimiento dulce, los frijoles en sofrito, los picadillos, el plátano verde, la yuca, el ajo, el pescado en escabeche y los cascos de guayaba. Nuestra comida refleja ese intercambio cultural en donde la historia se proyecta, se compenetra, se revive.

Los guisos con el particular sazón de cada región de nuestro país son un maridaje único de las sinfonías de color y sabor de sus elementos esenciales: los jitomates, los tomatillos, el chile serrano, el jalapeño, el cacahuate, la vainilla, el chocolate, el pulque. La comida es la manifestación artística más representativa de nuestras fiestas y ferias; así, al paso de las generaciones, nuestra profunda sensibilidad del festejo y el enamoramiento por el sabor se perpetúan en nuestras tradiciones.

Desde pequeña, la cocina ha sido para mí remembranza y descubrimiento que se interioriza, se reflexiona. Es, como todo en la vida, un ir y venir de encuentros con la naturaleza, con la tradición, con nuestra esencia. Cada receta que presento en esta serie de obras es para mí una expresión imperecedera que define nuestro ser mestizo. Es un patrimonio vivo y cambiante que se ha enriquecido y renovado, que fluye intuitivamente según la inspiración adquirida a través de la búsqueda culinaria realizada por todos los rincones de México durante años.

Espero que disfruten estos libros, cada uno de ellos es un reencuentro con nuestro país que cautiva los sentidos y deleita al corazón a través de aromas, texturas y sabores.

Patricia Quintana

SOPA FRÍA DE SANDÍA

PARA LA SOPA:

2   sandías medianas cortadas en trozos
de 5 x 3 cm [2 x 1.2 in]

PARA LA GUARNICIÓN:

8   rectángulos de sandía de 7 cm de
largo x 3 cm de ancho [2.8 in x 1.2 in]
8   cucharaditas de hierbabuena fresca,
finamente rebanada o picada
8   cucharaditas de menta fresca,
finamente rebanada o picada
8   ramitas de menta fresca
8   perlas de sandía
Sal de grano al gusto

PARA PREPARAR LA SOPA:

Al momento de servir pase por el extractor los trozos de sandía, extraiga el jugo fresco y espumoso. Con el parisienne (o moldeador de cuchara) forme las perlas de la sandía. Resérvelas.

PRESENTACIÓN:

En platos hondos fríos sirva una taza de jugo de sandía con su espuma, coloque al centro un rectángulo de sandía, encima ponga una cucharadita de hierbabuena y una de menta fresca. En la parte de abajo ponga una perla de sandía con un poco de sal de grano. Adorne en la parte superior con hojas de menta y hierbabuena.

VARIACIONES:

- Para obtener más abundante la espuma del jugo de sandía hágalo al momento.
- Pase el jugo de sandía de un recipiente a otro para sacar la espuma.
- Puede servirla con chile en polvo.

NOTAS:

- Lave las frutas con un cepillo o una esponja, después desinfecte por 15 minutos. Escurra y deje orear antes de utilizarlas en la receta.
- Lave las hierbas; desinféctelas por 5 minutos. Escurra y deje orear antes de utilizarlas en la receta.
- La parisienne es un instrumento de cocina que tiene forma de cuchara cóncava por ambos lados, con el cual podemos sacar perlas de la fruta.

PROPIEDADES:

- La sandía es una fruta rica en vitaminas A, B, B3 y C. No debemos olvidar la riqueza de la sandía en minerales, especialmente manganeso, necesario para la formación de huesos y para el sistema nervioso.
- La hierbabuena y la menta ayudan a problemas estomacales; también son utilizadas para aromatizar platillos.

SOPA
DE PEPINO

PARA 8 PERSONAS

PARA LA SOPA:

8	pepinos grandes, limpios, fríos
8	ramitas de eneldo limpias
8	ramitas de hinojo limpias
8	limones, su jugo
1½-2	cucharadas de sal o al gusto

PARA PREPARAR LA SOPA:

Con un cuchillo retire las puntas de los pepinos, frótelas para retirar lo amargo. Con un pelador filoso retire la piel, córtelos en trozos. Al momento de servir páselos por el extractor junto con las ramitas de eneldo e hinojo hasta obtener un jugo espumoso. Una vez listo añada el limón y la sal. Rectifique la sazón.

PRESENTACIÓN:

En vasos jaiboleros fríos coloque una taza de la sopa de pepino con su espuma.

VARIACIONES:
- Para obtener más abundante la espuma del jugo de pepino hágalo al momento.
- Pase el jugo de pepino de un recipiente a otro para sacar la espuma.
- El jugo de limón puede ser opcional.

NOTAS:
- Lave las frutas con un cepillo o una esponja, después desinfecte por 15 minutos. Escurra y deje orear antes de utilizarlas en la receta.
- Lave las hierbas; desinféctelas por 5 minutos. Escurra y deje orear antes de utilizarlas en la receta.

PROPIEDADES:
- El pepino por su gran cantidad de agua refuerza algunas propiedades diuréticas y laxantes; es un ingrediente para las dietas de control de peso.
- El pepino contiene vitamina E y aceites naturales. Constituye uno de los mejores remedios para el cuidado de la piel.
- Use el pepino en cataplasmas en los ojos para reducir la hinchazón.
- El eneldo facilita la digestión, estimula el hígado y la producción de leche en la lactancia.
- El hinojo contiene aceites esenciales en problemas intestinales, mucosidad y tos.
- El limón posee vitamina C en abundancia que refuerza las defensas del organismo para evitar enfermedades de las vías respiratorias.
- Al limón se le atribuyen propiedades antiinflamatorias, antioxidantes y protectoras de los vasos sanguíneos.

SOPA DE ZANAHORIA, MANZANA Y PORO

PARA LA SOPA:

16   zanahorias medianas, limpias, cortadas a la mitad
6   manzanas limpias, cortadas en cuarterones
50   g [1.6 oz] de poro limpio

PARA LA GUARNICIÓN:

3   zanahorias medianas, limpias, en espiral o rallada

PARA PREPARAR LA SOPA:

Al momento de servir pase las zanahorias por el extractor junto con las manzanas y el poro para obtener la sopa. Páselo a un recipiente, con la ayuda de un globo o cuchara, bátalos hasta obtener una espuma abundante.

PRESENTACIÓN:

En tazones fríos vierta ½ taza de sopa; a un costado acompañe con ¼ taza de zanahorias en espiral. Sirva de inmediato.

VARIACIONES:

- Haga la sopa sin poro.
- Acompañe la sopa con zanahoria y manzana picada.
- Agregue un poco de jengibre a la sopa.

NOTAS:

- Lave las verduras y las frutas con un cepillo o una esponja, después desinfecte por 15 minutos. Escurra y deje orear antes de utilizarlas en la receta.
- Sirva al momento porque se separa.

PROPIEDADES:

- La zanahoria contiene fósforo; además tiene propiedades naturales para mejorar la vista, es antioxidante, es eficaz protector de la piel, estimula el apetito y es diurético.
- La manzana aporta propiedades como el potasio, calcio, magnesio, sodio y es antioxidante. Es efectiva en problemas de mala digestión, insomnios, diarreas y purifica la sangre.
- El poro contiene vitaminas A, C y B6; minerales como potasio, calcio, fósforo, sodio y hierro. Es beneficioso para los vasos sanguíneos, activa la secreción de jugos gástricos, es un arma contra bacterias y hongos, y favorece a la flora intestinal.

SOPA
DE BETABEL

PARA LA SOPA:

16   betabeles medianos, limpios

PARA LA GUARNICIÓN:

4   betabeles medianos, limpios, sin piel, cortados en cuadritos pequeños

4   betabeles medianos, limpios, sin piel, en espiral

8   hojas de lechuga sangría baby, limpias

8   hojas de lechuga escarola baby, limpias

8   hojas de lechuga francesa baby, limpias

½   taza de cebolla morada, fileteada
    Vinagre balsámico
    Aceite de oliva
    Pimienta gorda martajada al gusto
    Sal de grano al gusto

PARA PREPARAR LA SOPA:

Ponga los betabeles y las lechugas a enfriar durante 1 hora.

Con un cuchillo filoso corte los betabeles en cuarterones. Al momento de servir pase por el extractor los cuarterones de betabel, extraiga su jugo espumoso.

PRESENTACIÓN:

En platos hondos fríos coloque ½ taza de jugo de betabel con su espuma, acompañe con una hoja baby de cada lechuga sangría, escarola y francesa junto con un poco de cebolla morada; al centro coloque 2 cucharadas de betabel en espiral, a un costado ponga 2 cucharadas de betabel en cuadritos, vierta 6 gotas de vinagre balsámico, ½ cucharadita de aceite de oliva, una pizca de pimienta y sal de grano.

VARIACIONES:
- Para obtener más abundante la espuma del betabel hágalo al momento.
- Pase el jugo del betabel de un recipiente a otro para sacar la espuma.
- Combine con un poco de nabo y jengibre.

NOTA:
- Lave las verduras con un cepillo o una esponja, después desinfecte por 15 minutos. Escurra y deje orear antes de utilizarlas en la receta.

PROPIEDADES:
- El betabel es rico en potasio, ayuda a regular el ritmo cardiaco. Tiene vitamina C. Es bueno para purificar la sangre y contrarrestar afecciones del hígado. Actúa como tónico en la anemia.
- La lechuga contiene vitaminas A, C y B1. Es refrescante, aperitiva y estimulante de la digestión. Regenera los tejidos y purifica la sangre.
- La cebolla contiene calcio, fósforo, potasio, vitamina C, ácido fólico y vitamina E. Estimula el apetito y regulariza las funciones del estómago; es diurética, por lo tanto es un medio importante para depurar el organismo.
- El vinagre balsámico era antiguamente usado como medicina o remedio contra el reumatismo.

SOPA
DE MANGO

PARA 8 PERSONAS

PARA EL CALDO DE VERDURAS:

10	tazas de agua
300	g [10 oz] de apio limpio
300	g [10 oz] de poro limpio
300	g [10 oz] de nabo limpio
120	g [4 oz] de zanahoria limpia
200	g [6 oz] de jitomate limpio
1	elote grande, cortado en trozos
60	g [2 oz] de cilantro limpio
7	dientes de ajo medianos, sin piel
1	cebolla mediana, cortada en cuarterones
1	cucharada de pimienta gorda entera
1	cucharada de sal de grano o al gusto

PARA LA SOPA:

1 200	kg [2 lb 10 oz] de mango manila limpio
1	taza de caldo de verduras reducido frío
1½-2	cucharaditas de sal o al gusto

PARA LA GUARNICIÓN:

8	fresas en rebanadas delgadas
8	frambuesas enteras, limpias
2	cucharadas de cebollín finamente picado
16	hojas de albahaca en finas tiras o chifonade
16	hojas de hierbabuena limpias

PARA PREPARAR
EL CALDO DE VERDURAS:

En una cacerola ponga el agua a hervir; agregue las verduras junto con la cebolla, el ajo, las pimientas y la sal. Cocínelo a fuego lento durante 1-1½ horas. Deje reducir a una taza. Rectifique la sazón. Deje enfriar. Retire la verdura. Cuélelo. Resérvelo.

PARA PREPARAR LA SOPA:

Corte los mangos con un cuchillo filoso por ambos lados; con la ayuda de una cuchara retire la pulpa. Muélala en la licuadora junto con el caldo. Rectifique la sazón. Reserve.

PRESENTACIÓN:

En platos hondos fríos vierta ½ taza de sopa de mango, acompañe con 5 rebanadas de fresas distribuidas por el plato y una frambuesa; al centro coloque ¼ de cucharadita de cebollín; alrededor las tiritas de albahaca. Adorne en cada extremo con 2 hojas de hierbabuena.

VARIACIÓN:
- Puede hacer la sopa con durazno al momento con unas gotas de limón.

NOTAS:
- Lave las verduras y las frutas con un cepillo o una esponja, después desinfecte por 15 minutos. Escurra y deje orear antes de utilizarlas en la receta.
- Lave la fresa y la frambuesa con cuidado, sumérjala en el agua y desinfecte por 8 minutos. Escurra y deje orear antes de utilizarlas en la receta.
- Compre el mango semiverde, déjelo madurar durante 3-4 días y utilícelo.
- Hay varias clases de mangos: el manila, el niño, (que es pequeñito de la misma clase que el manila) el ataulfo, el petacón, el criollo y otros híbridos.

PROPIEDADES:
- El mango manila contiene vitaminas A y C. Es una fruta rica en fibra.
- La fresa contiene hierro, ácido fólico, ácido salicílico y vitamina C. Es una fruta con propiedades diuréticas y antireumáticas.
- La frambuesa contiene vitaminas C y A. Estos frutos ayudan a depurar los riñones y el hígado.
- El ingerir a diario la frambuesa ayuda a limpiar las vías urinarias, a eliminar las toxinas de la sangre y del hígado.
- La hierbabuena ayuda a problemas estomacales así como también es utilizada para aromatizar platillos.
- La albahaca favorece a la digestión, los espasmos gástricos; sirve para fortalecer el cabello y preservarlo de la caída.

SOPA FRÍA DE MELÓN
CON VIENTO DE ALMENDRA

PARA EL CALDO DE VERDURAS:

10	tazas de agua
300	g [10 oz] de apio limpio
300	g [10 oz] de poro limpio
300	g [10 oz] de nabo limpio
120	g [4 oz] de zanahoria limpia
200	g [6 oz] de jitomate
1	elote grande, cortado en trozos
60	g [2 oz] de cilantro
7	dientes de ajo medianos, sin piel
1	cebolla mediana, cortada en cuarterones
1	cucharada de pimienta gorda entera
1	cucharada de sal de grano o al gusto

PARA LA SOPA:

1	melón amarillo, grande, maduro, cortado en trozos
½	taza de semillas del melón
1	taza de almendras sin piel
2	tazas de caldo de verduras reducido
¼	cucharadita de azúcar
¼	cucharadita de sal de grano o al gusto

PARA LA GUARNICIÓN:

32	almendras sin piel, finamente ralladas
8	tiras de melón verde de 9.5 cm [3.8 in] de largo x 1 cm [.4 in] de ancho

**PARA PREPARAR
EL CALDO DE VERDURAS:**

En una cacerola ponga el agua a hervir; agregue las verduras junto con la cebolla, el ajo, la pimienta y la sal. Cocínelo a fuego lento durante 1-1½ horas. Deje reducir a 2 tazas. Rectifique la sazón. Deje enfriar. Retire la verdura. Cuélelo. Resérvelo.

PARA PREPARAR LA SOPA:

En una licuadora muela los trozos de melón junto con las semillas y un poco de caldo; cuélelo. Reserve.

Muela las almendras junto con el resto del caldo reducido; agréguelos a un recipiente junto con el melón, añada el azúcar y la sal. Incorpórelo hasta obtener una mezcla homogénea. Rectifique la sazón. Refrigere la sopa durante 2 horas.

PRESENTACIÓN:

En un shot o en tazones pequeños fríos ponga de ¼-½ de taza de sopa de melón. Acompañe con una tira de melón verde y de 2-3 cucharaditas de la ralladura de almendra.

VARIACIONES:

- Ponga la almendra rallada hasta el momento de servir para que no se sumerja.
- Sirva la sopa en una copa martinera grande.

NOTAS:

- Lave las verduras y las frutas con un cepillo o una esponja, después desinfecte por 15 minutos. Escurra y deje orear antes de utilizarlas en la receta.
- Para retirarles la piel a las almendras póngalas en agua hirviendo durante 5 minutos. Escúrralas. Con un trapo frótelas para retirar la piel.

PROPIEDADES:

- El melón es rico en vitaminas A y B; contiene propiedades antioxidantes como la vitamina C. Es rico en minerales, especialmente en hierro, el cual ayuda a prevenir la anemia.
- La almendra contiene vitaminas B, C y E; tiene alto contenido de ácido fólico. Es un estimulante de las secreciones lácteas, muy conveniente para la lactancia.
- La zanahoria contiene fósforo, además tiene propiedades naturales para mejorar la vista, es antioxidante, es eficaz protector de la piel, estimula el apetito y es diurética.
- El jitomate es rico en vitaminas A, B y C. También contiene calcio, hierro, cobre, potasio y propiedades antioxidantes. Revitaliza los tejidos internos.
- El poro contiene vitaminas A, C y B6; minerales como potasio, calcio, fósforo, sodio y hierro. Es beneficioso para los vasos sanguíneos, activa la secreción de jugos gástricos, es un arma contra bacterias y hongos, y favorece a la flora intestinal.
- El maíz contiene calcio, sodio, potasio, vitaminas A, B1, B2, B3 y C.
- El nabo contiene vitamina C, potasio, yodo fósforo y calcio. Es esencial para la visión, el buen estado de la piel, el cabello, las mucosas, los huesos y para el buen funcionamiento del sistema inmunológico.
- El apio es rico en potasio, ácido fólico, calcio y betacaroteno. Favorece la eliminación de líquidos corporales, siendo adecuado en casos de obesidad, enfermedades reumáticas y cardiacas.

GAZPACHO

PARA EL GAZPACHO:

700	g [1 lb 8 oz] de jitomate guaje, grande, cortado en cuarterones
2	cucharadas de cebolla finamente picada
60	g [2 oz] de pepino con cáscara
30	g [1 oz] de apio limpio
2	dientes de ajo medianos, sin piel
1	cucharadita de sal o al gusto

PARA LA GUARNICIÓN:

½	taza de cebolla finamente picada
½	taza de pepino con cáscara, cortado en cuadros pequeños
½	taza de apio cortado en cuadros pequeños
	Aceite de oliva extra virgen al gusto
	Jugo de naranja dulce, agria o jugo de limón

PARA PREPARAR EL GAZPACHO:

Pase por el extractor los jitomates junto con la cebolla, el pepino, el apio, el ajo y la sal; hasta obtener un jugo con una consistencia semiespesa. Rectifique la sazón. Reserve.

PRESENTACIÓN:

En tazones pequeños fríos sirva ¼ de taza de gazpacho; acompañe con ¼ de cucharadita de cebolla, pepino y apio. Añada al centro una gota de aceite de oliva y jugo de naranja o limón.

VARIACIONES:
- Agregue cebollín picado o molido.
- Sirva con pan tostado, cortado en trocitos.
- Acompañe con tiritas de tortillas oreadas, secas en el horno o fritas.

NOTAS:
- Lave las verduras y frutas con un cepillo o una esponja, después desinfecte por 15 minutos. Escurra y deje orear antes de utilizarlas en la receta.
- Ponga el aceite al momento de servir porque se separa.
- Con la ayuda de un pelador filoso retire los filamentos del apio y píquelos.

PROPIEDADES:
- El jitomate es rico en vitamina A, B y C. También contiene calcio, hierro, cobre, potasio y propiedades antioxidantes. Revitaliza los tejidos internos.
- La cebolla contiene calcio, fósforo, potasio, vitamina C, ácido fólico y vitamina E. Estimula el apetito y regulariza las funciones del estómago; es diurética, por lo tanto es un medio importante para depurar el organismo.
- El apio es rico en potasio, ácido fólico, calcio y betacaroteno. El apio favorece la eliminación de líquidos corporales, siendo adecuado en casos de obesidad, enfermedades reumáticas y cardiacas.
- El pepino contiene vitamina E y aceites naturales. Constituye uno de los mejores remedios para el cuidado de la piel.
- El ajo es antibacterial y depurativo. Ayuda a reducir la presión arterial y el colesterol.

CALDO
DE VERDURAS

PARA EL CALDO DE VERDURAS:

24	tazas de agua
700	g [1 lb 8 oz] de apio limpio
600	g [1 lb 5 oz] de poro limpio
200	g [6 oz] de nabo limpio
200	g [6 oz] de zanahoria limpia
400	g [13 oz] de jitomate limpio
2	elotes medianos, en trozos
110	g [3 oz] de cilantro limpio
2	cebollas medianas, cortadas en cuarterones
15	dientes de ajo medianos, sin piel
1	cucharada de pimienta gorda
2	cucharadas de sal o al gusto

PARA LA GUARNICIÓN:

2	zanahorias cortadas en cuadros pequeños
½	taza de apio cortado en cuadros pequeños
½	taza de poro cortado en cuadros pequeños
1	aguacate cortado en cuadros pequeños
½	taza de cilantro finamente picado
½	taza de cebolla finamente picada
½	taza de jugo de limón
3	dientes de ajo medianos, sin piel, finamente picados
1	taza de lechuga cortada en chifonade

PARA PREPARAR EL CALDO:

En una olla ponga el agua a hervir, agregue las verduras junto con el cilantro, la cebolla, el ajo, la pimienta y la sal. Cocine a fuego lento durante 2 3 horas. Deje reducir hasta 8 tazas. Rectifique la sazón. Deje enfriar. Retire la verdura. Cuélelo. Resérvelo.

PRESENTACIÓN:

En tazones hondos calientes sirva ¾ de taza de caldo de verdura hirviendo, acompañe con una cucharadita de zanahoria, apio, poro, aguacate, cilantro, cebolla, jugo de limón, una pizca de ajo y una cucharada de lechuga.

VARIACIONES:
- Sirva el caldo con germinados de alfalfa, de cilantro o de soya.
- Añada queso de soya en trocitos.
- Incorpore jugo de jitomate, de zanahoria o pimiento al último momento, o sírvalo en vasitos.

NOTA:
- Lave las verduras con un cepillo o una esponja, después desinfecte por 15 minutos. Escurra y deje orear antes de utilizarlas en la receta.

PROPIEDADES:
- El apio es rico en potasio, ácido fólico, calcio y betacaroteno. El apio favorece la eliminación de líquidos corporales, siendo adecuado en casos de obesidad, enfermedades reumáticas y cardiacas.
- El poro contiene vitaminas A, C y B6; minerales como potasio, calcio, fósforo, sodio y hierro. Es beneficioso para los vasos sanguíneos, activa la secreción de jugos gástricos, es un arma contra bacterias y hongos; y favorece a la flora intestinal.
- La zanahoria es rica en fósforo, aporta propiedades naturales para mejorar la vista, es antioxidante, es eficaz protector de la piel, estimula el apetito y es diurética.
- El nabo contiene vitamina C, potasio, yodo, fósforo y calcio. Es esencial para la visión, el buen estado de la piel, el cabello, las mucosas, los huesos y para el buen funcionamiento del sistema inmunológico.
- El jitomate es rico en vitamina A, B y C. También contiene calcio, hierro, cobre, potasio y propiedades antioxidantes. Revitaliza los tejidos internos.
- La lechuga es rica en vitamina A, C y B1; ayuda a la digestión del aparato digestivo, protege el estómago aliviando inflamaciones intestinales.

SOPA DE PORO Y PAPA
ESTILO MAGO

PARA EL CALDO DE VERDURAS:

10	tazas de agua
300	g [10 oz] de apio limpio
300	g [10 oz] de poro limpio
300	g [10 oz] de nabo limpio
120	g [4 oz] de zanahoria limpia
200	g [6 oz] de jitomate limpio
1	elote grande, cortado en trozos
60	g [2 oz] de cilantro limpio
7	dientes de ajo medianos, sin piel
1	cebolla mediana, cortada en cuarterones
1	cucharada de pimienta gorda entera
1	cucharada de sal de grano o al gusto

PARA LA SOPA:

2	cucharadas de aceite de oliva
2	cebollas medianas, cortadas en cuarterones
1	poro mediano, cortado en trozos medianos
3	papas medianas, cortadas en trozos medianos
1	cucharadita de aceite de oliva
2	cucharadas de mantequilla
2	tazas de caldo de verdura
1	cucharadita de pimienta gorda molida
1	cucharadita de sal de grano

PARA LA GUARNICIÓN:

¼	taza de crema espesa, natural
¼	taza de cebollín finamente picado
	Aceite de oliva al gusto

PARA PREPARAR EL CALDO DE VERDURAS:

En una cacerola ponga el agua a hervir; agregue las verduras junto con la cebolla, el ajo, la pimienta y la sal. Cocínelo a fuego lento durante 1-1½ horas. Deje reducir a 2 tazas. Rectifique la sazón. Deje enfriar. Retire la verdura. Cuélelo. Resérvelo.

PARA PREPARAR LA SOPA:

En una cacerola caliente el aceite de oliva, añada la cebolla, el poro y la papa; cocínelos durante 5-7 minutos moviendo constantemente. Sazone con un poco de sal. A media cocción agregue el resto del aceite de oliva, la mantequilla y la pimienta. Vuelva a sazonar. Incorpore el caldo de verdura; deje cocinar durante 15 minutos. Rectifique la sazón. Deje enfriar. En una licuadora o procesador de alimentos muela los ingredientes hasta obtener una consistencia semiespesa. Rectifique la sazón. Enfríela durante 3 horas. En caso que se espese añada más caldo o crema.

PRESENTACIÓN:

En platos hondos fríos sirva ½ de taza de sopa, a un costado ponga 1 cucharadita de crema; encima coloque una cucharadita de cebollín. Al centro adorne con 3 gotas de aceite de oliva.

VARIACIONES:
- Sirva la sopa fría o caliente.
- Sirva la sopa molida o con la verdura en cuadros pequeños.
- Puede agregarle a la sopa yogurt, jocoque o crema.
- Puede servirla con chícharos, rajitas de chile poblano, chilaca o crema dulce.
- Puede servirla en ragout de verduras.
- Sirva la fruta con germinados de cilantro, de chícharo o de lenteja.

NOTA:
- Lave las verduras con un cepillo o una esponja, después desinfecte por 15 minutos. Escurra y deje orear antes de utilizarlas en la receta.

PROPIEDADES:
- La papa es rica vitamina A, BI, B2, y C. Contiene proteínas, celulosa, fécula y sales minerales de calcio, fósforo, hierro, potasio y sodio. Reduce la incidencia de infecciones bacterianas.
- El poro contiene vitaminas A, C y B6, minerales como potasio, calcio, fósforo, sodio y hierro. Es beneficioso para los vasos sanguíneos, activa la secreción de jugos gástricos, es un arma contra bacterias y hongos, y favorece a la flora intestinal.
- La zanahoria es rica en fósforo, aporta propiedades naturales para mejorar la vista, es antioxidante, es eficaz protectora de la piel, estimula el apetito y es diurética.
- La crema tiene calorías y proteínas así como vitaminas A, D y calcio.

SOPA DE LENTEJA
AL PLÁTANO MACHO

PARA LAS LENTEJAS:

10	tazas de agua
3	tazas de lentejas grandes, limpias
4	dientes de ajo medianos, sin piel
1	cebolla mediana, cortada en cuarterones
1	manojo de cilantro
1-1½	cucharadas de sal de grano o al gusto

PARA EL CALDILLO DE JITOMATE:

1	cebolla mediana, cortada en cuarterones
4	jitomates medianos, limpios
2	dientes de ajo medianos, sin piel
2	cucharadas de aceite de oliva
1-1½	cucharadita de sal o al gusto

PARA LA GUARNICIÓN:

1	taza de lenteja grande, cocida, entera
½	taza de cebolla finamente picada
1	taza de jitomate cortado en cuadros pequeños
2	tazas de plátano macho frito, cortado en cuadros pequeños
8	chiles de árbol fritos
¼	taza de hojas de cilantro

PARA PREPARAR LAS LENTEJAS:

En una olla ponga el agua a hervir, agregue las lentejas junto con los ajos y la cebolla. Cocínelas durante 20-25 minutos; cuando estén suaves añada el cilantro y la sal. Cocine por 15 minutos más. Rectifique la sazón. Deje enfriar. Aparte 1 taza. El resto muélalas en una licuadora o procesador de alimentos junto con el agua de su cocción. Resérvelas.

PARA PREPARAR EL CALDILLO DE JITOMATE:

En una cacerola caliente el aceite, saltee la cebolla; sazone con un poco de sal, retírelas; muélalas en la licuadora junto con los jitomates y los dientes de ajo. Cuélelo y viértalo a la cacerola caliente; cocine el caldillo hasta que espese; incorpore las lentejas molidas. Vuelva a sazonar. Continúe su cocción durante 15 minutos más. Rectifique la sazón.

PRESENTACIÓN:

En un plato hondo caliente ponga ½ taza de la sopa de lentejas molidas hirviendo; acompañe con 1½ cucharadas de lentejas enteras, ½ cucharadita de cebolla picada, ½ cucharadita de jitomate y 6 piezas de plátano macho en cuadritos. Adorne con un chile de árbol frito y una hojita de cilantro.

VARIACIONES:
- Para que el caldillo tenga otro sabor, puede hervir los ingredientes.
- Sirva las lentejas enteras con el caldillo y acompañe con arroz.
- Sirva la sopa con unas gotas de aceite de chile de árbol y cacahuate picado.

NOTA:
- Lave las verduras y frutas con un cepillo o una esponja, después desinfecte por 15 minutos. Escurra y deje orear antes de utilizarlas en la receta.
- Los chiles secos se desinfectan sólo por 5 minutos, ya que pueden perder su aroma y consistencia.
- Limpie las lentejas ya que en ocasiones puede encontrar piedras y basuras.
- Deje remojando las lentejas desde el día anterior para que se cuezan más rápido.

PROPIEDADES:
- Las lentejas son ricas en vitaminas del grupo B; contienen proteínas, zinc, hidratos de carbono y hierro. Ayudan a la prevención de la anemia.
- El plátano macho contiene minerales como potasio, calcio, fósforo, sodio y hierro. Es rico en vitaminas A, B y C. El consumo de plátano favorece a la formación de glóbulos rojos y blancos.
- El jitomate es rico en vitaminas A, B y C. También contiene calcio, hierro, cobre, potasio y propiedades antioxidantes. Revitaliza los tejidos internos.
- El cacahuate contiene vitamina B1 y B2; es una fuente rica en aminoácidos, esenciales para el crecimiento y desarrollo de funciones importantes del cuerpo.

SOPA
DE FRIJOL

PARA EL FRIJOL BAYO:

5	tazas de agua
250	g [8.3 oz] de frijoles bayos, limpios
1	cebolla chica, cortada por la mitad
3	dientes de ajo medianos, sin piel
2	cucharadas de aceite de girasol
⅛	cucharadita de orégano
⅛	cucharadita de cominos ligeramente asados
¾-1	cucharada de sal o al gusto

PARA EL FRIJOL NEGRO:

5	tazas de agua
250	g [8.3 oz] de frijoles negros, limpios
1	cebolla chica, cortada por la mitad
3	dientes de ajo medianos, sin piel
2	cucharadas de aceite de girasol
3	ramas de epazote
¾-1	cucharada de sal o al gusto

PARA EL CALDO DE VERDURAS:

10	tazas de agua
300	g [10 oz] de apio limpio
300	g [10 oz] de poro limpio
300	g [10 oz] de nabo limpio
120	g [4 oz] de zanahoria limpia
200	g [6 oz] de jitomate limpio
1	elote grande, cortado en trozos
60	g [2 oz] de cilantro limpio
7	dientes de ajo medianos, sin piel
1	cebolla mediana, cortada en cuarterones
1	cucharada de pimienta gorda entera
1	cucharada de sal de grano o al gusto

PARA LA SOPA DE FRIJOL BAYO:

2	jitomates guajes limpios
¼	cebolla cortada
1	diente de ajo mediano
2	cucharadas de aceite de oliva
2	cucharadas de aceite de girasol
⅓	cebolla
2	tazas de caldo de verdura reducido
	Sal al gusto

PARA LA SOPA DE FRIJOL NEGRO:

2	jitomates guajes limpios
¼	cebolla cortada
1	diente de ajo mediano
2	cucharadas de aceite de oliva
2	cucharadas de aceite de girasol
⅓	cebolla
2⅓	taza de leche de cabra o leche de vaca
	Sal al gusto

PARA LA GUARNICIÓN:

Aceite de semilla de uva al gusto
Aceite de trufa al gusto

PARA PREPARAR LOS FRIJOLES BAYOS:

En una olla express ponga el agua a calentar. Lave los frijoles y escúrralos. Agréguelos, añada la cebolla, el ajo y el aceite. Tape la olla. Cocínelos a fuego mediano durante ¾-1 hora. (Si cuece los frijoles en una olla de barro, tápelos con una cazuelita de barro, póngale agua para que mantengan la humedad. Cocínelos durante 2-2½ horas. En caso de que se evapore el agua añada otro poco de agua caliente). Destape a la mitad de su cocción; pruébelos para ver si están suaves. Sazónelos con un poco de sal, agregue el orégano y el comino; continúe su cocción hasta que espesen. Rectifique la sazón.

Deje enfriar. En una licuadora muela los frijoles con una taza del caldo donde se cocieron. Resérvelos.

PARA PREPARAR LOS FRIJOLES NEGROS:

En una olla express ponga el agua a calentar. Lave los frijoles y escúrralos. Agréguelos, añada la cebolla, el ajo y el aceite. Tape la olla. Cocínelos a fuego mediano durante ¾-1 hora. (Si cuece los frijoles en una olla de barro, tápelos con una cazuelita de barro, póngale agua para que mantengan la humedad. Cocínelos durante 2-2½ horas. En caso de que se evapore el agua añada otro poco de agua caliente). Destape a la mitad de su cocción; pruébelos para ver si están suaves. Sazónelos con un poco de sal, agregue el epazote; continúe su cocción hasta que espesen. Rectifique la sazón. Deje enfriar. En una licuadora muela los frijoles con una taza del caldo donde se cocieron. Resérvelos.

PARA PREPARAR EL CALDO DE VERDURAS:

En una cacerola ponga el agua a hervir; agregue las verduras junto con la cebolla, el ajo, la pimienta y la sal. Cocínelo a fuego lento durante 1-1½ horas. Deje reducir a 2 tazas. Rectifique la sazón. Deje enfriar. Retire la verdura. Cuélelo. Resérvelo. Refrigérelo durante 2 horas.

PARA PREPARAR
LA SOPA DE FRIJOL BAYO:

A fuego directo ase los jitomates, muélalos en la licuadora o procesador de alimentos junto con la cebolla y el ajo. Cuélelo. Reserve. En una cacerola caliente los aceites, fría la cebolla hasta caramelizarla; sazone con un poco de sal. Retírela. Vierta el jitomate. Sazone. Agregue los frijoles molidos, déjelos a fuego lento durante 10 minutos. Incorpore el caldo de verdura reducido, cocine hasta que quede una sopa semiespesa. Rectifique la sazón.

PARA PREPARAR
LA SOPA DE FRIJOL NEGRO:

A fuego directo ase los jitomates, muélalos en la licuadora o procesador de alimentos junto con la cebolla y el ajo. Cuélelo. Reserve. En una cacerola caliente los aceites, fría la cebolla hasta caramelizarla; sazone con un poco de sal. Retírela. Vierta el jitomate. Sazone. Agregue los frijoles molidos, déjelos a fuego lento durante 10 minutos. Incorpore la leche de cabra, cocine hasta que quede una sopa semiespesa. Rectifique la sazón.

PRESENTACIÓN:

En tazones medianos agregue ½ taza de la sopa de frijol bayo y negro hirviendo, sirva los tazones con cada sopa; acompáñelas con una línea en hilo de aceite de pepita de uva o aceite de trufa.

VARIACIONES:
- Con la base del frijol molido haga enfrijoladas, tacos.
- Espese el frijol, rellene sopes, tlacoyos y gorditas.
- Agregue epazote y cilantro finamente rebanado.
- Añada al gusto cominos o pimienta gorda a los frijoles.

NOTA:
- Lave las verduras con un cepillo o una esponja, después desinfecte por 15 minutos. Escurra y deje orear antes de utilizarlas en la receta.
- Limpie los frijoles ya que en ocasiones puede encontrar piedras y basuras.
- Deje remojando los frijoles desde el día anterior para que se cuezan rápido.
- Lave las hierbas; desinféctelas por 5 minutos. Escurra y deje orear antes de utilizarlas en la receta.
- Si las sopas de frijol espesan, incorpore más caldo.

PROPIEDADES:
- Los frijoles tiene alto contenido de ácido fólico, previene la anemia, la fatiga y defectos congénitos; son necesarios en la formación de glóbulos rojos.
- La leche de cabra contiene proteínas, calcio, vitaminas A y D. Es digestiva.
- El epazote es una hierba para erradicar los parásitos intestinales. Da buenos resultados en las indigestiones, dolores de estómago, flatulencias y falta de apetito.
- El orégano es rico en potasio, magnesio, zinc, vitamina B y ayuda a la digestión intestinal.
- El comino es una hierba aromática que sirve para condimentar sus platos. Tiene un sabor intenso con un toque ligeramente amargo. Abre el apetito y estimula la digestión.
- El aceite de semilla de uva es antioxidante. Ayuda a restablecer la salud. Es recomendable ingerirlo crudo.

SOPA DE ELOTE CON CHILE
RELLENO DE TAMAL DE ELOTE

PARA 8 PERSONAS

PARA LOS CHILES RELLENOS DE TAMAL DE ELOTE:

4	chiles poblanos chicos
250	g [8.3 oz] de granos de elote
70	g [2.3 oz] de mantequilla
⅓	taza de azúcar o al gusto
⅛	cucharadita de nuez moscada
16	hojas de elote frescas
8	tiras de hojas de elote de 1.5 cm [.5 in] de ancho
2	pizcas de sal o al gusto

PARA LA SOPA DE ELOTE:

2	tazas de leche
3	tazas de caldo de verduras (ver pág. 20)
600	g [1 lb 5 oz] de granos de elote
½	cebolla cortada
60	g [2 oz] de nabo limpio
60	g [2 oz] de poro limpio
¼	cucharadita de nuez moscada
1	taza de crema dulce
3	cucharaditas de sal o al gusto

PARA PREPARAR LOS CHILES RELLENOS DE TAMAL DE ELOTE:

A fuego directo ase los chiles poblanos, envuélvalos en un trapo húmedo y métalos a una bolsa de plástico para que suden durante 5 minutos, retíreles la piel, hágales una incisión por un costado sin romperlos; con cuidado retire las semillas. Resérvelos. En el procesador de alimentos muela los granos de elote, la mantequilla, el azúcar, la nuez moscada y la sal hasta obtener una consistencia pastosa. Rectifique la sazón. Rellene los chiles poblanos con 3-4 cucharadas del tamal de elote. Coloque un chile en cada hoja de elote fresca, envuélvalos con varias hojas y ate los extremos de las hojas. Corte cuadros de papel aluminio, enróllelos; cocínelos a vapor durante 15-20 minutos. Retire del fuego. Deje enfriar. Corte el tamal de chile en 3-4 rebanadas. Resérvelos.

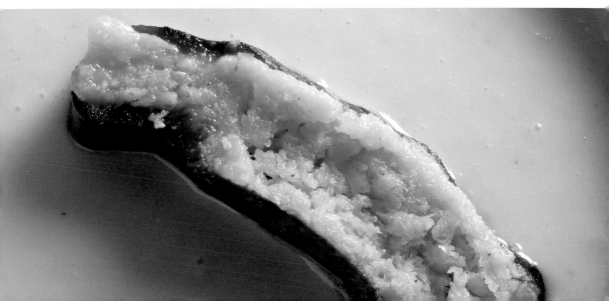

En una cacerola ponga a hervir 1 taza de leche junto con 1 taza de caldo de verduras; agregue los granos de elote, la cebolla, el nabo, el poro y la nuez moscada, sazone con 1 cucharadita de sal. Cocínelos durante 15-20 minutos a fuego medio. Retire del fuego. Deje enfriar. En la licuadora muela los ingredientes cocidos junto con el resto de la leche, el caldo de verduras y la crema dulce. Vuelva a sazonar con 2 cucharaditas de sal. Deberá quedar una sopa semiespesa. Rectifique la sazón. (Si es necesario vuelva a remoler la sopa para obtener una consistencia más tersa).

PRESENTACIÓN:

En platos hondos sirva ½ taza de sopa de elote caliente, acompañe al centro con una rebanada de chile poblano relleno de elote.

VARIACIONES:

- Sirva la sopa de elote con rebanadas del chile relleno de tamal delgado o grueso.
- Rellene el chile de tamal de elote con flor de calabaza, elotitos o calabacitas.
- Sirva el chile relleno de tamal frío.
- Agregue crema al chile poblano.
- Sirva el chile con el tamal y frijoles refritos.
- Añada queso de soya en trocitos.
- Incorpore jugo de jitomate, zanahoria o pimiento al último momento, o sírvalo en vasitos.

NOTA:

- Lave las verduras con un cepillo o una esponja, después desinfecte por 15 minutos. Escurra y deje orear antes de utilizarlas en la receta.
- Puede colar la sopa de elote.
- La sopa de elote se puede servir fría o caliente.

PROPIEDADES:

- El maíz del elote es rico en calcio, sodio, potasio, vitaminas A, B1, B2, B3 y C. Además contiene almidón y proteínas.
- El nabo contiene vitamina C, potasio, yodo, fósforo y calcio. Es esencial para la visión, el buen estado de la piel, el cabello, las mucosas, los huesos, y para el buen funcionamiento del sistema inmunológico.
- El poro tiene vitaminas A, C y B6; minerales como potasio, calcio, fósforo, sodio y hierro. Es beneficioso para los vasos sanguíneos, activa la secreción de jugos gástricos, es un arma contra bacterias y hongos y favorece a la flora intestinal.
- La cebolla contiene calcio, fósforo, potasio, vitamina C, ácido fólico y vitamina E. Estimula el apetito y regulariza las funciones del estómago; es diurética, por lo tanto es un medio importante para depurar el organismo.
- El chile poblano posee un alto contenido de vitaminas C y A. Estimula el ritmo metabólico, ayuda a una buena digestión, reduce el colesterol, es un anticoagulante natural que reduce la posibilidad de un ataque cardiaco.
- La leche es fuente importante de vitaminas para niños y adultos. Contiene vitaminas del grupo B (B1, B2 y B12) y un porcentaje importante de las A y C.
- De la mantequilla se destaca su poder energético; cuenta con vitaminas como la A y la D.
- La crema tiene calorías y proteínas, así como vitaminas A, D y calcio. La presencia de grasas saturadas eleva los índices de colesterol como los triglicéridos en sangre.

ENSALADA
DE LECHUGAS VERDES

PARA LA ENSALADA:

32	hojas de lechugas verdes, francesa, orejona, sangrita, italiana, limpias
8	tiras de poro delgadas de 1 cm [.4 in] de ancho x 15 cm [6 in] de largo
2	betabeles en rodajas delgadas
3	zanahorias ralladas en láminas
½	taza de cebolla fileteada
8	tiras de apio delgadas de 1 cm [.4 in] de grosor x 10 cm [4 in] de largo
8	tiras de poro delgadas de 1 cm [.4 in] de grosor x 10 cm [4 in] de largo

PARA LA GUARNICIÓN:

½	taza de ajo finamente picado
½	taza de perejil finamente picado
½	taza de jugo de limón
	Aceite de oliva
	Sal de grano

PARA PREPARAR LAS LECHUGAS:

Amarre 4 hojas de cada lechuga con las tiras de poro.

PRESENTACIÓN:

En platos extendidos fríos coloque al centro un amarre de lechugas; ponga 5 rodajas de betabel entre las lechugas junto con 3 láminas de zanahorias y un poco de cebolla; a un costado 2 tiras de apio, al otro lado 2 tiras de poro; espolvoree ½ cucharadita de ajo y de perejil; rocíe una cucharadita de jugo de limón, de aceite de oliva y salpique una pizca de sal de grano.

VARIACIONES:

- Aderece las lechugas con el aderezo de mirín con chile de árbol, aderezo de wasabe al queso roquefort, aderezo colonial o aderezo de miel y mostaza marca "Gavilla".
- Salpique con echalote finamente picada.
- Adórnelas con zanahorias ralladas.
- Acompáñelas con brócoli, espinacas y acelgas, crudas o al vapor.
- Sírvalas con alubias, habas o nopales cocidos.
- Agregue col morada finamente rebanada, endivias o espinacas con gajos de mandarina.
- Incorpore semillas de ajonjolí, de girasol o almendras.
- Añada quínoa cocida con cebolla morada.

NOTA:

- Lave las verduras con un cepillo o una esponja, después desinfecte por 15 minutos. Escurra y deje orear antes de utilizarlas en la receta.
- Lave las lechugas, desinféctelas durante 5 minutos, séquelas; envuélvalas en papel absorbente, métalas a una bolsa de plástico; refrigere durante 2 horas para que estén crujientes y frescas.

PROPIEDADES:

- La lechuga contiene vitaminas A, C y B1. Son refrescantes, aperitivas y estimulantes de la digestión. Regeneran los tejidos y purifican la sangre.
- El betabel es rico en potasio, ayuda a regular el ritmo cardiaco. Tiene vitamina C. Es bueno para purificar la sangre y contrarrestar afecciones del hígado. Actúa como tónico en la anemia.
- La zanahoria es rica en fósforo, aporta propiedades naturales para mejorar la vista, es antioxidante, es eficaz protector de la piel, estimula el apetito y es diurética.
- La cebolla contiene calcio, fósforo, potasio, vitamina C, ácido fólico y vitamina E. Estimula el apetito y regulariza las funciones del estómago; es diurética, por lo tanto es un medio importante para depurar el organismo.
- El apio es rico en potasio, ácido fólico, calcio y betacaroteno. El apio favorece la eliminación de líquidos corporales, siendo adecuado en casos de obesidad, enfermedades reumáticas y cardiacas.
- El poro contiene vitaminas A, C y B6, minerales como potasio, calcio, fósforo, sodio y hierro. Es beneficioso para los vasos sanguíneos, activa la secreción de jugos gástricos, es un arma contra bacterias y hongos, y favorece a la flora intestinal.
- El ajo crudo tiene propiedades antisépticas, fungicidas, bactericidas y depurativas debido a que contiene un aceite esencial volátil llamado aliína, que se transforma en alicina, responsable de su fuerte olor y que se elimina por vía respiratoria.
- El perejil contiene vitamina C, potasio, zinc, y calcio. Favorece a la digestión estomacal, abre el apetito, es muy adecuado para los espasmos intestinales.
- El limón posee vitamina C en abundancia que refuerza las defensas del organismo para evitar enfermedades de las vías respiratorias.
- El aceite de oliva es rico en Omega 3 y ácido fólico, es bajo en colesterol. Ayuda al hígado y a las vías biliares.

QUESITOS MOZZARELLA
AL PESTO DE POBLANO

PARA EL QUESO:

16	bolitas de queso mozzarella de 250 g [8.3 oz] cada una

PARA EL PESTO DE POBLANO:

1	chile poblano grande, limpio, cortado en trozos
1	diente de ajo mediano, sin piel
10	g [.3 oz] de echalote cortada en trozos
1½	tazas de aceite de oliva extra virgen
½	cucharadita de pimienta negra recién molida
¾	cucharadita de sal o al gusto

PARA PREPARAR EL PESTO:

En la licuadora muela el chile poblano en crudo, el ajo, la echalote, la pimienta y la sal junto con 1 taza de aceite. Vierta el pesto a un recipiente, agregue el resto del aceite de oliva; mézclelos e incorpore las bolitas de queso. Déjelas marinar durante toda la noche.

PARA LA GUARNICIÓN:

8	jitomates saladet pequeños o medianos, partidos por la mitad Aceite de oliva Sal al gusto

PRESENTACIÓN:

En platos extendidos coloque de 1-2 mitades de jitomate con un poco de sal, sobre ellos coloque 1 bolita de queso bañada con el pesto. Rocíe con un poco de aceite de oliva.

VARIACIONES:

- Sirva el pesto con papas cocidas al horno, con pasta pequeña, fettuccini o fideos cocidos al dente.
- Acompañe con espárragos y queso de cabra.

NOTA:

- Lave las verduras con un cepillo o una esponja, después desinfecte por 15 minutos. Escurra y deje orear antes de utilizarlas en la receta.

PROPIEDADES:

- El chile poblano contiene vitaminas A, C, potasio, hierro y magnesio. Estimula el ritmo metabólico, ayuda a una buena digestión, reduce el colesterol, es un anticoagulante natural que reduce la posibilidad de un ataque cardiaco.
- El jitomate es rico en vitaminas A, B y C. También contiene calcio, hierro, cobre y potasio con propiedades antioxidantes. Revitaliza los tejidos internos.
- El queso mozzarella es fuente de calcio, magnesio, proteínas y fósforo.
- La echalote es rica en vitaminas y minerales. Es estimulante y remineralizante.
- El aceite de oliva tiene Omega 3, ácido fólico, es bajo en colesterol. Ayuda al hígado y a las vías biliares.

CORAZONES DE LECHUGA
AL GORGONZOLA

PARA LOS CORAZONES DE LECHUGA:

12	corazones de lechugas baby cortados por la mitad, limpios
24	hojas de lechuga baby limpias
½	taza de vinagre balsámico
½	taza de aceite de oliva extra virgen
	Pimienta negra recién molida al gusto
	Sal de grano al gusto

PARA LA GUARNICIÓN:

360	g [12 oz] de queso gorgonzola

PARA PREPARAR LOS CORAZONES DE LECHUGA:

Separe 24 hojas de las lechugas baby. Apártelas. Con la ayuda de un cuchillo filoso córtelas por la mitad, retire las hojas del centro y separe 24 corazones que deben medir de 8 x 2.5 cm [3.2 x 1 in]. Refrigérelos.

PARA PREPARAR LA GUARNICIÓN:

Forme los quenelles de 15 g [.5 oz] de queso gorgonzola entre 2 cucharitas ligeramente barnizadas con aceite para que se puedan deslizar. Prepare una charola con papel encerado; ponga las cucharaditas del queso moldeado para la hora de servir.

PRESENTACIÓN:

En platos extendidos fríos coloque 3 hojas de lechuga baby en línea recta, ligeramente inclinadas. Sobreponga los 3 corazones de lado opuesto. Encima de cada corazón de lechuga agregue una cucharada de 15 g [.5 oz] de queso gorgonzola; rocíe ½ cucharadita de vinagre y aceite de oliva. Adorne con una pizca de pimienta y otra de sal de grano en cada corazón. Al frente haga una línea de vinagre balsámico, aceite de oliva y pimienta al gusto.

VARIACIONES:
- Sirva los corazones con queso roquefort.
- Agregue queso panela.
- Sírvalos con vinagre de manzana o de vino; agregue limón o naranja agria y aceite de oliva extra virgen, aceite de trufa o aceite de uva.
- Acompañe con queso Pijijiapan desmoronado.
- Salpique con cebollín, mejorana fresca o perejil finamente picados.

NOTA:
- Lave las lechugas, desinféctelas durante 5 minutos, séquelas; envuélvalas en papel absorbente, métalas en una bolsa de plástico; refrigere durante 2-4 horas para que estén crujientes y frescas.

PROPIEDADES:
- La lechuga contiene vitaminas A, C y B1. Es refrescante, aperitiva y estimulante de la digestión. Regenera los tejidos y purifica la sangre.
- El queso gorgonzola es hecho a base de leche entera de vaca, tiene proteínas, fósforo, calcio, vitaminas A, B1, B6, B12.
- El vinagre balsámico era antiguamente usado como medicina o remedio contra el reumatismo.
- El aceite de oliva es rico en Omega 3 y ácido fólico, es bajo en colesterol. Ayuda al hígado y a las vías biliares.
- La pimienta negra tiene un sabor picante, estimula la producción de jugos digestivos.

ESPÁRRAGOS
CON QUESO PROVOLONE

PARA LOS ESPÁRRAGOS:

3	tazas de agua
48	espárragos limpios
	Hielos
1	cucharada de sal de grano

PARA EL QUESO:

24	rebanadas de queso provolone delgadas

PARA LA GUARNICIÓN:

1	taza de vinagre balsámico reducido a ½ taza
8	cucharaditas de aceite de oliva o al gusto
	Pimienta negra recién molida al gusto

PARA PREPARAR LOS ESPÁRRAGOS:

En una cacerola ponga a hervir el agua con la sal; pase los espárragos durante 2-3 minutos. Retírelos. Páselos a un recipiente con agua y hielo. Escúrralos. Resérvelos.

PRESENTACIÓN:

En platos extendidos coloque 6 espárragos entrelazándolos con 3 rebanadas de queso provolone; rocíe una cucharadita de vinagre balsámico reducido, una cucharadita de aceite de oliva y una pizca de pimienta.

VARIACIONES:

- Pase el resto del vinagre balsámico reducido en una salsera o vinagre y aceite de oliva extra virgen para aderezarlos al gusto.
- Saltee los espárragos con aderezo de mirín con chile de árbol marca "Gavilla". Salpíquelos con ajonjolí negro o blanco, ligeramente tostado.
- Cocínelos con cebolla morada y jitomate picado.
- Haga un omelette con los espárragos y queso provolone.

NOTA:

- Lave las verduras con un cepillo o una esponja, después desinfecte por 15 minutos. Escurra y deje orear antes de utilizarlas en la receta.

PROPIEDADES:

- El espárrago contiene muchos minerales y vitaminas como C, E, del grupo B y fósforo. Favorece a la oxigenación de las células; es un antioxidante fundamental encargado de eliminar los residuos que se acumulan en el organismo.
- El queso es una rica fuente de calcio, proteínas y fósforo. Estimula el flujo salival, lo que ayuda a limpiar la cavidad bucal de restos de alimentos amortiguando también el medio ácido. Después de las comidas el pH de la saliva desciende, pero el calcio y el fósforo del queso ayudan a prevenirlo.
- El vinagre balsámico era antiguamente usado como medicina o remedio contra el reumatismo.
- El aceite de oliva es rico en Omega 3 y ácido fólico; es bajo en colesterol. Ayuda al hígado y a las vías biliares.

VINAGRETA DE JITOMATE
AL JENGIBRE CON LECHUGAS
MORADAS

PARA LA VINAGRETA:

2½	jitomates medianos, maduros
30	g [1 oz] de jengibre
70	g [2.3 oz] de cebolla
2	dientes de ajo medianos, sin piel
¾	taza de vinagre de manzana
4	cucharadas de miel de maguey
4	cucharadas de salsa de soya
2	cucharaditas de pimienta negra
2-3	cucharaditas de sal de grano o al gusto

PARA LAS LECHUGAS:

24	hojas de lechugas moradas: sangrita, italiana, francesa (una de cada una), limpias y crujientes

PARA PREPARAR LA VINAGRETA:

En una licuadora o procesador de alimentos muela el jitomate, el jengibre, la cebolla, los dientes de ajo, el vinagre, la miel de maguey, la salsa de soya, la pimienta y la sal. Rectifique la sazón. Resérvela.

PRESENTACIÓN:

En platos extendidos fríos coloque 3 hojas de cada lechuga, rocíelas con la vinagreta de jengibre.

VARIACIONES:
- Acompañe con germinado de alfalfa y almendra tostada.
- Adorne con aguacate y rajitas de chipotle.
- Sirva con espárragos blanqueados.
- Agregue queso panela o de cabra.
- Rocíe con aceite de trufa, oliva de uva o de nuez.

NOTAS:
- Lave las verduras con un cepillo o una esponja, después desinfecte por 15 minutos. Escurra y deje orear antes de utilizarlas en la receta.
- Lave las lechugas y los berros, desinféctelos durante 5 minutos, séquelos; envuélvalos en papel absorbente, métalos a una bolsa de plástico; refrigere durante 2-4 horas para que estén crujientes y frescos.

PROPIEDADES:
- La lechuga contiene vitaminas A, C y B1. Es refrescante, aperitiva y estimulante de la digestión. Regenera los tejidos y purifica la sangre.
- El jitomate es rico en vitaminas A, B y C. También contiene calcio, hierro, cobre, potasio y propiedades antioxidantes. Revitaliza los tejidos internos.
- El aceite de oliva es rico en Omega 3, ácido fólico y es bajo en colesterol. Ayuda al hígado y a las vías biliares.
- La cebolla contiene calcio, fósforo, potasio, vitamina C, ácido fólico y vitamina E. Estimula el apetito y regulariza las funciones del estómago; es diurética, por lo tanto es un medio importante para depurar el organismo.
- El vinagre de manzana es utilizado desde hace años por su gran efecto diurético ya que es rico en potasio. Podemos decir que el vinagre de manzana provoca en el organismo un efecto depurativo y remineralizante. Su riqueza en vitamina A le confieren efectos muy positivos para la sequedad de la piel y de todas las mucosas del cuerpo (especialmente la del ojo).
- La miel contiene vitaminas del grupo B y C. Las mieles de color más oscuro contienen más vitaminas que las más claras, así como también son portadoras de más minerales como calcio, magnesio y potasio.
- La pimienta negra tiene un sabor picante, estimula la producción de jugos digestivos.

QUESOS
DE CABRA

PARA LA VINAGRETA DE LIMÓN:

¼	taza de vinagre de yema
¼	taza de vinagre de jerez seco
¼	taza de vinagre de manzana
2	dientes de ajo machacados
1½	tazas de aceite de oliva
4	cucharadas de jugo de limón
¾	cucharada de pimienta negra recién molida
¾	cucharada de sal de grano o al gusto

PARA LA VINAGRETA DE WASABE:

1	botella de aderezo de wasabe con queso roquefort de 250 g [8.3 oz] marca "Gavilla"

PARA LOS QUESOS:

160	g [5.3 oz] de queso de cabra a las hierbas finas
160	g [5.3 oz] de queso de cabra natural
160	g [5.3 oz] de queso cabra de ceniza
96	hojas de arúgula pequeñas, limpias

PARA LA GUARNICIÓN:

12	jitomates cherry grandes, cortados por la mitad

PARA PREPARAR
LA VINAGRETA DE LIMÓN:

En un recipiente mezcle con un batidor de globo los vinagres, el ajo, la pimienta y la sal. Incorpore el aceite de oliva poco a poco junto con el jugo de limón. Rectifique la sazón.

PRESENTACIÓN:

En platos extendidos fríos coloque una rodaja de 20 g [.6 oz] de cada queso, encima de ellos coloque 4 hojas de arúgula; rocíelas con la vinagreta de wasabe junto con la de limón. Al frente acompañe con 3 mitades de jitomates cherry y vinagreta de limón.

VARIACIÓN:

- Corte en rebanadas el jitomate redondo y grande, ponga queso Oaxaca deshebrado encima de éstas, alterne con las espinacas baby; rocíe con las vinagretas de limón y wasabe. Sobreponga otra rebanada de jitomate, el queso y adorne con las espinacas baby cortadas en chifonade y las vinagretas. Termine con otra rebanada de jitomate, queso Oaxaca y las espinacas baby. Al frente haga una línea con las vinagretas.

NOTAS:

- Lave las verduras con un cepillo o una esponja, después desinfecte por 15 minutos. Escurra y deje orear antes de utilizarlas en la receta.
- Lave la arúgula, desinféctela durante 5 minutos, séquela; envuélvala en papel absorbente, métala a una bolsa de plástico; refrigere durante 2 horas para que esté crujiente y fresca.

PROPIEDADES:

- El vinagre contiene vitamina A, con efectos hidratantes y al ser rico en potasio, tiene efectos diuréticos.
- El vinagre de manzana es utilizado desde hace años por su gran efecto diurético ya que es rico en potasio. Podemos decir que el vinagre de manzana provoca en el organismo un efecto depurativo y remineralizante. Su riqueza en vitamina A le confieren efectos muy positivos para la sequedad de la piel y de todas las mucosas del cuerpo (especialmente la del ojo).
- El queso de cabra destaca en calcio, vitaminas D, B2, A, riboflavina y minerales. Ayuda a prevenir enfermedades como la osteoporosis.
- El ajo crudo tiene propiedades antisépticas, fungicidas, bactericidas y depurativas, debido a que contiene un aceite esencial volátil llamado aliína, que se transforma en alicina, responsable de su fuerte olor y que se elimina por vía respiratoria.
- La arúgula es una fuente de vitaminas A, C, ácido fólico, calcio, manganeso y magnesio. También contiene potasio, hierro, zinc, riboflavina, cobre y clorofila. Estimula la desintoxicación del organismo.
- El jitomate es rico en vitaminas A, B y C. También contiene calcio, hierro, cobre, potasio y propiedades antioxidantes. Revitaliza los tejidos internos.
- El limón posee vitamina C en abundancia que refuerza las defensas del organismo para evitar enfermedades de las vías respiratorias.
- El queso Oaxaca es una fuente de calcio, vitaminas B2, A, y D.
- Las espinacas tienen hierro, ayudan a combatir la anemia; podemos encontrar potasio, calcio, fósforo, magnesio y vitaminas A, E, B2, B6 y C. Ayudan al aparato circulatorio; eliminan el colesterol.

VINAGRETA AL AJO
CON MIEL DE MAGUEY

PARA LAS LECHUGAS:

8	hojas de lechuga sangrita morada
8	hojas de lechuga sangrita verde
16	hojas de lechuga francesa
8	tiras delgadas de poro de 1 cm [.4 in] de ancho x 15 cm [6 in] de largo

PARA LA VINAGRETA:

4	dientes de ajo medianos, sin piel
½	taza de limón fresco
½	taza de aceite de oliva puro o extra virgen
½	taza de aceite de semilla de uva
½	taza de miel de maguey
1	cucharadita de sal de grano o al gusto

PARA LA GUARNICIÓN:

8	xoconostles deshidratados, azucarados, cortados en tiras de 5 cm [2 in] de largo y en cuadros pequeños Semillas de girasol

PARA PREPARAR LAS LECHUGAS:

Haga 8 amarres con 2 hojas de lechuga francesa, 2 hojas de lechuga sangrita verde y morada con las tiras de poro. Refrigérelas durante 2 horas.

PARA PREPARAR LA VINAGRETA:

En la licuadora o procesador de alimentos muela los dientes de ajo, el jugo de limón, los aceites, la miel y la sal. Rectifique la sazón. Refrigérela.

PRESENTACIÓN:

En platos extendidos fríos coloque un amarre de lechugas; ponga entre las lechugas las tiras y los cuadros pequeños de xoconostle; agregue las semillas de girasol y rocíe con la vinagreta.

VARIACIONES:

- Haga la ensalada con lechuga orejona, berros, arúgula o germinados.
- Acompañe las lechugas con mora azul, pasitas o almendras.
- Acompañe con pimiento amarillo, cuadritos de betabel, papitas cambray o cebollitas de Cambray.

NOTAS:

- Lave las verduras con un cepillo o una esponja, después desinfecte por 15 minutos. Escurra y deje orear antes de utilizarlas en la receta.
- Lave las lechugas, desinféctelas durante 5 minutos; séquelas; envuélvalas en papel absorbente, métalas a una bolsa de plástico; refrigere durante 2-4 horas para que estén crujientes y frescas.

PROPIEDADES:

- La lechuga contiene vitaminas A, C y B1. Es refrescante, aperitiva y estimulante de la digestión. Regenera los tejidos y purifica la sangre.
- El xoconostle al natural se utiliza para el control de diabetes, colesterol y peso corporal; se utiliza también como laxante y en problemas de colitis.
- El aceite de semilla de uva es antioxidante. Ayuda a restablecer la salud. Es recomendable ingerirlo crudo.
- El aceite de oliva es rico en Omega 3, ácido fólico, es bajo en colesterol. Ayuda al hígado y a las vías biliares.
- El limón posee vitamina C en abundancia que refuerza las defensas del organismo para evitar enfermedades de las vías respiratorias. Al limón se le atribuyen propiedades antiinflamatorias, antioxidantes y protectoras de los vasos sanguíneos.
- La miel de maguey contiene vitaminas A, B, B2, C; hierro, niacina, fósforo y proteínas. Ayuda a regenerar la flora intestinal, lo cual ayuda a personas con gastritis. Disminuye los niveles de glucosa y triglicéridos mejorando la metabolización de toxinas en el cuerpo. Aumenta la absorción de calcio y magnesio siendo auxiliar para la prevención de osteoporosis.

ARÚGULA
CON QUESO

PARA LA ARÚGULA:

1   kg [2 lb 3 oz] de arúgula limpia, sin tallo grueso, refrigerada durante 2-4 horas

PARA LA VINAGRETA:

⅓   taza de aceite de oliva

⅓   taza de miel de maguey

1¼   cucharaditas de pimienta negra recién molida

1¼   cucharaditas de sal de grano o al gusto

PARA EL QUESO:

32   rebanadas de queso parmesano muy delgadas, cortadas en triángulos de 15 x 9 cm [6 x 3.6 in]

PARA LA GUARNICIÓN:

⅓-½   taza de vinagre balsámico

PARA PREPARAR LA VINAGRETA:

En un recipiente mezcle el aceite de oliva, la miel, la pimienta y la sal. Rectifique la sazón.

PRESENTACIÓN:

En platos extendidos fríos coloque 110 g [3.6 oz] de arúgula fresca; encima ponga los triángulos del queso encontrados. Rocíe con una cucharada de vinagreta y gotee la cucharadita de vinagre balsámico.

VARIACIONES:

- Sirva la ensalada de arúgula con semillas de girasol, hongos frescos rebanados o picados con queso feta y vinagre de frambuesa, aceite de oliva, pimienta negra recién molida y sal.
- La arúgula con melón, frambuesas y vinagreta de mostaza y miel marca "Gavilla".
- Arúgula, radiquio con mango, kiwi, cebolla morada, con vinagreta de limón, jengibre, mostaza Dijon, azúcar aceite de uva y sal.
- Acompáñela con vinagre de frambuesa, de jerez, vino tinto, de manzana o limón fresco.

NOTA:

- Lave la arúgula, desinféctela durante 5 minutos, séquela; retire los tallos gruesos, deje los tallos delgados, envuélvala en papel absorbente, métala a una bolsa de plástico; refrigere durante 2 horas para que esté crujiente y fresca.

PROPIEDADES:

- La arúgula es una fuente de vitaminas A, C, ácido fólico, calcio, manganeso y magnesio. También contiene potasio, hierro, zinc, riboflavina, cobre y clorofila. Estimula la desintoxicación del organismo.
- El aceite de oliva es rico en Omega 3 y ácido fólico; es bajo en colesterol. Ayuda al hígado y a las vías biliares.
- El queso es una rica fuente de calcio, proteínas y fósforo.
- El vinagre contiene vitamina A, con efectos hidratantes, y al ser rico en potasio tiene efectos diuréticos.
- El vinagre balsámico era antiguamente usado como medicina o remedio contra el reumatismo.

ALCACHOFAS

PARA LAS ALCACHOFAS:

16	tazas de agua
1	cebolla mediana, cortada en cuarterones
8	dientes de ajo medianos, sin piel
8	alcachofas medianas, limpias
2	cucharadas de sal o al gusto

PARA LA VINAGRETA:

¼	taza de vinagre de jerez
½	taza de aceite de oliva orgánico
¼	taza de vinagre de yema
¾	taza de aceite de semilla de uva
1½	cucharaditas de azúcar
1½	cucharadas de pimienta recién molida
1	cucharada de sal o al gusto

PARA LA GUARNICIÓN:

Pimienta negra recién molida al gusto

PARA PREPARAR LAS ALCACHOFAS:

En una cacerola ponga el agua a hervir; agregue la cebolla, el ajo, las alcachofas y la sal. Cocínelas durante 1 hora o hasta que estén suaves. Resérvelas.

PARA PREPARAR LA VINAGRETA:

En un recipiente vierta el vinagre de jerez, el aceite de oliva orgánico, el vinagre de yema, el aceite de semilla de uva, el azúcar, la pimienta y la sal. Con la ayuda de un batidor de globo mezcle hasta incorporar todos los ingredientes. Rectifique la sazón. Resérvela.

PRESENTACIÓN:

En platos extendidos sirva una alcachofa, rocíela con 3 cucharadas de vinagreta. Al frente haga una línea con la vinagreta y con pimienta negra recién molida. Acompáñelas con la vinagreta en una salserita individual.

VARIACIONES:
- Incorpore a la vinagreta mostaza Dijon o de grano.
- Agregue chile de árbol ligeramente asado.
- Añada cebollín, pimienta gorda o echalote.

NOTA:
- Lave las verduras con un cepillo o una esponja, después desinfecte por 15 minutos. Escurra y deje orear antes de utilizarlas en la receta.

PROPIEDADES:
- La alcachofa contiene vitaminas B y B6; minerales como hierro, magnesio, fósforo y potasio. Protege al hígado, ayuda a la recuperación de enfermedades hepáticas. El agua en donde se cocinaron tiene propiedades para el hígado.
- El ajo crudo tiene propiedades antisépticas, fungicidas, bactericidas y depurativas, debido a que contiene un aceite esencial volátil llamado aliína, que se transforma en alicina, responsable de su fuerte olor y que se elimina por vía respiratoria.
- La cebolla contiene calcio, fósforo, potasio, vitamina C, ácido fólico y vitamina E. Estimula el apetito y regulariza las funciones del estómago; es diurética, por lo tanto es un medio importante para depurar el organismo.
- El vinagre contiene vitamina A, con efectos hidratantes, y al ser rico en potasio tiene efectos diuréticos.
- El vinagre se utiliza para curar infecciones de la garganta y gastrointestinal; regula el metabolismo y ayuda a disminuir la fatiga.
- El aceite de semilla de uva es antioxidante. Ayuda a restablecer la salud. Es recomendable ingerirlo crudo.
- El aceite de oliva es rico en Omega 3 y ácido fólico; es bajo en colesterol. Ayuda al hígado y a las vías biliares.
- La pimienta normalmente es usada en la medicina para ayudar a la digestión, para mejorar el apetito, por quien tiene problemas respiratorios, de diabetes, de flatulencia y de anemia.
- La pimienta negra tiene un sabor picante, estimula la producción de jugos digestivos.
- La echalote es muy rica en vitaminas y minerales, se recomienda no freírla pues pierde sus propiedades y se vuelve amarga, mejor utilizarla en cocciones de baja temperatura. No es apta para comer cruda, pues puede ser difícil de digerir. Es estimulante, remineralizante y aperitiva.

ALUBIAS
A LA SOYA

PARA LAS ALUBIAS:

12	tazas de agua
2	tazas de alubias chicas
2	cebollas medianas, cortadas por la mitad
6	dientes de ajo medianos, sin piel
6	hojas de laurel frescas
3	cucharaditas de sal de grano o al gusto

PARA LA VINAGRETA:

4	tazas de soya
16	cucharadas de aceite de ajonjolí
8	limones, su jugo
16	cucharadas de vinagre de yema
16	cucharadas de vinagre de arroz
24	cucharadas de aceite de oliva
	Sal al gusto

PARA LA GUARNICIÓN:

32	cucharadas de cebolla finamente picada
16	cucharadas de cebollín finamente picado

PARA PREPARAR LAS ALUBIAS:

En una olla express ponga el agua a calentar. Lave las alubias y escúrralas. Agréguelas, añada la cebolla, el ajo y las hojas de laurel. Tape la olla. Cocínelos a fuego mediano durante 25-30 minutos. (Si cuece las alubias en una olla de barro, tápelas con una cazuelita de barro, póngale agua para que mantengan la humedad. Cocínelas durante 1-1½ horas. En caso de que se evapore el agua añada otro poco de agua caliente). Destape a la mitad de su cocción; sazónelas con un poco de sal, continúe su cocción hasta que estén suaves pero sin reventar. Rectifique la sazón. Páselas por un colador para quitar el exceso del caldo. Resérvelas.

PARA PREPARAR LA VINAGRETA:

En un recipiente agregue la soya junto con el aceite de ajonjolí, el jugo de limón, el vinagre de yema, el vinagre de arroz, el aceite de oliva y la sal. Mezcle bien los ingredientes con la ayuda de una cuchara. Añada las alubias y mézclelas suavemente con la vinagreta. Rectifique la sazón.

PRESENTACIÓN:

En tazones medianos sirva ½ taza de alubias con la vinagreta; acompañe con 4 cucharadas de cebolla y 2 cucharadas de cebollín.

VARIACIONES:

- Combine las alubias con habas frescas, chícharos, chícharos chinos, verdolagas, quelites al vapor o guajes cocidos con sal.
- Mezcle las alubias con frijol bayo y vinagreta.

NOTAS:

- Lave las verduras con un cepillo o una esponja, después desinfecte por 15 minutos. Escurra y deje orear antes de utilizarlas en la receta.
- Limpie las alubias ya que en ocasiones puede encontrar piedras y basuras.
- Deje remojando las alubias desde el día anterior para que se cuezan más rápido.

PROPIEDADES:

- La alubia tiene alto contenido de vitamina C, fósforo, magnesio y potasio. Aporta fibra, ayuda a la digestión y reduce los niveles de colesterol.
- La cebolla contiene calcio, fósforo, potasio, vitamina C, ácido fólico y vitamina E. Estimula el apetito y regulariza las funciones del estómago; es diurética por lo tanto es un medio importante para depurar el organismo.
- La soya es fuente de vitaminas B3 y B12, es rica en minerales como hierro, fósforo y magnesio. La salsa de soya es un sustituto de la sal.
- En los chícharos destaca la vitamina C; minerales como el calcio y el magnesio. Éstos ayudan a la circulación de la sangre, disminuyen el colesterol y previenen enfermedades cardiovasculares.
- El haba es rica en calorías y proteínas. Contiene calcio, fósforo y vitaminas como A, E y K.

TIMBAL
DE VERDURAS SALTEADAS

PARA EL APIO:

150	g [5 oz] de mantequilla
4	cebollas medianas, finamente picadas
2	apios enteros, medianos, finamente picados
1	cucharadita de orégano yucateco o común
2	ramas de romero fresco
2	cucharaditas de salvia seca
1	cucharadita de hierbas finas
½	cucharadita de pimienta negra recién molida
2-3	cucharaditas de sal o al gusto

PARA LA GUARNICIÓN:

3	tazas de agua
2	nabos medianos, rebanados en rodajas como papel
2	colinabos medianos, rebanados en rodajas como papel

3	ramas de apio sin hebras, cortados en rebanadas como papel Hielos
2	pepinos medianos, rebanados en tiras muy delgadas como papel
2	cucharaditas de sal de grano

PARA PREPARAR EL APIO:

En una cacerola ponga a calentar la mantequilla, agregue la cebolla hasta caramelizarla. Añada el apio, el orégano, el romero, la salvia y las hierbas finas; sazone con pimienta y sal. Cocine las verduras hasta que espesen. Rectifique la sazón. Resérvela.

PARA PREPARAR LA GUARNICIÓN:

En una cacerola ponga a hervir el agua con la sal; pase las rodajas del nabo, colinabo y el apio durante 1 minuto. Retírelas. Páselas a un recipiente con agua y hielo; retírelas. Resérvelas. Rebane los pepinos con cáscara en la mandolina; junte las rebanadas y con un cuchillo filoso córtelas en tiras delgadas. Apártelas.

PRESENTACIÓN:

En platos fríos coloque un aro de 7.5 cm de diámetro x 7.5 cm de alto [3 x 3 in] coloque 3 cucharadas de apio preparado, con la ayuda de una cuchara empújelo; encima del apio ponga ⅓ de taza de rebanadas de tiras de pepino, aplaste ligeramente, vuelva a colocar 3 cucharadas de apio preparado, presiónelo para que quede la forma redonda y compacta. Retire con cuidado el aro. Adorne con 4 rebanadas de nabo y 4 de colinabo doblándolas por la mitad, póngalas una sobre otra; encima de ellas coloque de 18-20 rebanadas de apio. Al frente haga un manchón de aceite de oliva.

VARIACIONES:
- Haga el timbal con pimiento, chayote o poblano crudo.
- Agregue calabacitas ligeramente cocidas y crudas.
- Incorpore chícharos ligeramente cocidos.

NOTAS:
- Lave las verduras con un cepillo o una esponja, después desinfecte por 15 minutos. Escurra y deje orear antes de utilizarlas en la receta.
- Lave las hierbas; desinféctelas por 5 minutos. Escurra y deje orear antes de utilizarlas en la receta.

PROPIEDADES:
- El nabo y el colinabo contienen vitamina C, potasio, yodo, fósforo y calcio. Son esenciales para la visión, el buen estado de la piel, el cabello, las mucosas, los huesos y para el buen funcionamiento del sistema inmunológico.
- El apio es rico en potasio, ácido fólico, calcio y betacaroteno. Favorece la eliminación de líquidos corporales, siendo adecuado en casos de obesidad, enfermedades reumáticas y cardiacas.
- La cebolla tiene calcio, fósforo, potasio, vitamina C, ácido fólico y vitamina E. Estimula el apetito y regulariza las funciones del estómago; es diurética, por lo tanto es un medio importante para depurar el organismo.
- El pepino por su gran cantidad de agua refuerza algunas propiedades diuréticas y laxantes, es un ingrediente para las dietas de control de peso. El pepino es rico en vitamina E y aceites naturales. Constituye uno de los mejores remedios para el cuidado de la piel. Use el pepino en cataplasmas sobre los ojos para reducir la hinchazón.
- La salvia es antiinflamatoria, diurética y es utilizada para tratar dolencias del aparato digestivo; mejora la gastritis, es antiácida y ayuda a descongestionar el aparato respiratorio.
- El romero tiene efectos estimulantes y tónicos; favorece la recuperación en enfermedades respiratorias y del aparato digestivo. Ayuda a las afecciones del hígado. Contiene hierro.

TIMBAL DE CUITLACOCHE Y ESQUITES

PARA LOS ESQUITES:

3	tazas de agua
½	taza de hojas de epazote
9	elotes tiernos o cacahuazintles desgranados, limpios
¼	taza de aceite de oliva
1	cebolla mediana, finamente picada
¼	taza de chile serrano finamente picado
⅓	taza de epazote finamente picado
40	g [1.3 oz] de mantequilla en trocitos
1	cucharadita de pimienta o al gusto
1	cucharadita de sal o al gusto

PARA EL CUITLACOCHE:

½	taza de aceite de oliva
1	taza de cebolla finamente picada
2	cucharadas de ajo finamente picado
1	cucharada de chile serrano finamente picado
1	kg [2 lb 3 oz] de cuitlacoche limpio
3	cucharadas de cilantro finamente picado
3	cucharadas de epazote finamente picado
1½	cucharaditas de sal o al gusto

PARA LA GUARNICIÓN:

Epazote finamente picado, al gusto
Sal de grano al gusto

PARA PREPARAR LOS ESQUITES:

En una olla caliente el agua con las hojas de epazote y la sal. Cuando rompa el hervor, agregue los granos de elote tiernos o cacahuazintles. Cocínelos de 10-15 minutos o hasta que los granos estén suaves. Escúrralos. Resérvelos. En una sartén caliente el aceite; agregue la cebolla hasta caramelizarla. Sazone con un poco de sal. Añada el chile serrano, los granos de elote, el epazote y la mantequilla. Sazone con pimienta y sal. Cocínelos a fuego lento durante 5-10 minutos. Rectifique la sazón.

PARA PREPARAR EL CUITLACOCHE:

En una sartén caliente el aceite; agregue la cebolla hasta caramelizarla. Añada el ajo y el chile. Sazone con un poco de sal. Incorpore el cuitlacoche junto con el cilantro y el epazote. Vuelva a sazonar. Muévalo suavemente sin batir el cuitlacoche. Cocínelo a fuego lento durante 10-15 minutos. Retire del fuego. Rectifique la sazón.

PRESENTACIÓN:

En platos extendidos calientes coloque dos aros de 8 cm de diámetro x 2 cm de alto [3.2 x .8 in]. Rellene uno de cuitlacoche y el otro de esquites; presiónelos para que quede la forma redonda, compacta. Retire el aro con cuidado. Espolvoree con un poco de epazote finamente picado y sal de grano al frente.

VARIACIONES:

- Rellene crepas, hágalas con crema y queso.
- Agregue caldillo de jitomate.
- Haga una sopa de 2 sabores; sírvala al mismo tiempo con 2 cucharones o tazas.
- Combine el cuitlacoche con el esquite; haga tacos de comal.

NOTAS:

- Lave las verduras con un cepillo o una esponja, después desinfecte por 15 minutos. Escurra y deje orear antes de utilizarlas en la receta.
- Lave con cuidado el cuitlacoche pasándolo por agua. Escúrralo. Déjelo orear antes de utilizarlo en la receta.
- Agregue al final el epazote y el cilantro para que queden más verdes y le den más sabor.

PROPIEDADES:

- El cuitlacoche se emplea para combatir las hemorragias producidas por las úlceras gástricas y heridas intestinales.
- El maíz cacahuazintle contiene calcio, sodio, potasio, vitaminas A, B1, B2, B3 y C. Además de almidón y proteínas.
- El epazote es una hierba para erradicar los parásitos intestinales. Da buenos resultados en las indigestiones, dolores de estómago, flatulencias y falta de apetito.
- El cilantro mejora el apetito en las personas que padecen anemia y la digestión cuando sufren de estreñimiento.
- El chile serrano contiene cantidades importantes de vitamina A y C. Rico en potasio, hierro y magnesio. Estimula el ritmo metabólico del cuerpo, ayuda a la digestión, reduce el colesterol, reduce la posibilidad de un ataque cardiaco.

PAPAS RELLENAS

PARA LAS PAPAS:

8	papas blancas, medianas
½	taza de aceite de oliva
	Papel de aluminio
	Sal de grano o al gusto

PARA EL RELLENO:

1½	tazas de pulpa de las papas horneadas
3	yemas de huevo
60	g [2 oz] de mantequilla clarificada
2	tazas de queso manchego rallado
½	cucharadita de sal o al gusto

PARA LA GUARNICIÓN:

1	taza de queso manchego rallado

PARA PREPARAR LAS PAPAS:

Precaliente el horno a 350° F-150° C durante 2 horas.

En una charola para horno ponga las papas, úntelas con aceite de oliva; salpíquelas con sal. Envuélvalas en papel aluminio. Hornéelas durante 2 horas. Retírelas del horno. Con la ayuda de una cuchara haga un hueco en la parte del centro de la papa. Saque la pulpa. Resérvela. Tenga cuidado de no romper las papas.

PARA PREPARAR EL RELLENO:

En un recipiente coloque la pulpa de la papa, aplástela; incorpore las yemas de huevo, la mantequilla, el queso rallado y la sal. Macháquela hasta formar un puré. Rectifique la sazón. Resérvela.

PRESENTACIÓN:

Rellene las papas con el puré de manera que queden abultadas; encima póngales queso manchego rallado. Hornéelas durante 25 minutos o hasta que se gratine el queso. Sírvalas de inmediato.

VARIACIONES:
- Espolvoree pimienta negra recién molida.
- Sirva las papas rellenas, adorne con queso manchego, asadero, panela o Pijijiapan rallado salpicado encima.
- Haga tacos con las papas horneadas y sírvalos con salsa verde, de chipotle o con xoconostle. Sirva los tacos con quelites asados o con quelites con rajas.
- Sirva las papas con rajitas de chile manzano, cebolla, limón, orégano y sal.
- Sirva la papa horneada con aceite de oliva.
- Con la papa al horno haga ensalada de papa con cebolla o apio, mayonesa, vinagre, aceite de oliva, pimienta y sal. Adorne con perejil o cebollín.

NOTA:
- Lave las verduras con un cepillo o una esponja, después desinfecte por 15 minutos. Escurra y deje orear antes de utilizarlas en la receta.

PROPIEDADES:
- La papa contiene gran cantidad de potasio, vitaminas B6 y C. Es rica en almidón y fibra. Corrige la acidez excesiva del organismo.
- El queso manchego es un alimento muy completo; están presentes vitaminas tan importantes como la A, D y E, fundamentales en procesos metabólicos como el crecimiento, la conservación de tejidos y la absorción de calcio.
- El aceite de oliva es rico en Omega 3 y ácido fólico, es bajo en colesterol. Ayuda al hígado y a las vías biliares como a la digestión.
- La cebolla contiene calcio, fósforo, potasio, vitamina C, ácido fólico y vitamina E. Estimula el apetito y regulariza las funciones del estómago; es diurética, por lo tanto es un medio importante para depurar el organismo.

VERDOLAGAS EN ADOBO

PARA EL ADOBO DE GUAJILLO:

6	chiles guajillo secos, desvenados, sin semillas
1-2	chiles morita o chipotles desvenados, sin semillas
2	dientes de ajo medianos, sin piel
½	cebolla asada o cruda (al gusto)
½	taza de agua caliente
¾	cucharada de orégano seco, triturado con las manos
¼	cucharadita de comino
2	clavos enteros
½	raja de canela de 5 cm [2 in] de largo
⅛	taza de vinagre de vino blanco o de caña mas ⅓ de taza
⅛	taza de mayonesa
¼	taza de aceite de oliva
¼	taza de mantequilla clarificada
½	cucharada de sal gruesa o al gusto

PARA LAS VERDOLAGAS:

⅓	taza de aceite de oliva o vegetal
2	cucharadas de mantequilla
4	dientes de ajo medianos, sin piel
3	cebollas medianas, cortadas en sesgo o en rodajas delgadas
1.200	kg [2 lb 10 oz] de verdolagas limpias
1	cucharada de sal o al gusto

PARA PREPARAR EL ADOBO DE GUAJILLO:

Precaliente un comal; ase los chiles a fuego lento aplastándolos con la parte de atrás de una cuchara de un lado y del otro hasta que estén brillantes por ambos lados, sin quemarlos; remójelos en el agua caliente hasta cubrirlos durante 20 minutos. Escúrralos. Ase los ajos junto con la cebolla. En una licuadora o procesador de alimentos muela los chiles, la cebolla, el ajo y el resto de los ingredientes hasta obtener un puré. Rectifique la sazón. Resérvelo.

PARA PREPARAR LAS VERDOLAGAS:

Precaliente una sartén, añada el aceite y la mantequilla, dore ligeramente los ajos; retírelos. Incorpore la cebolla y las verdolagas; sazone y saltee rápidamente (las verdolagas deberán quedar crujientes, sin sobrecocinarlas). Rectifique la sazón.

PRESENTACIÓN:

En platos extendidos ponga un molde cuadrado de 8 x 8 cm [3.2 x 3.2 in], acomode las verdolagas, presiónelas para que quede la forma cuadrada. Retire el molde con cuidado. Al frente haga un manchón con el adobo extendiéndolo con la parte de atrás de la cuchara.

VARIACIÓN:
- Puede utilizar quelites, espinacas o acelgas.

NOTAS:
- Lave las verduras con un cepillo o una esponja, después desinfecte por 15 minutos. Escurra y deje orear antes de utilizarlas en la receta.
- Los chiles secos se desinfectan sólo por 5 minutos, ya que pueden perder su aroma y consistencia.

PROPIEDADES:
- La verdolaga tiene alto contenido de proteínas, carbohidratos, fibras, calcio, fósforo y hierro. Depura la sangre, ayuda a que los riñones tengan un buen funcionamiento.
- El jitomate es rico en vitaminas A, B y C. También contiene calcio, hierro, cobre, potasio y propiedades antioxidantes. Revitaliza los tejidos internos.
- El orégano tiene potasio, magnesio, zinc, vitamina B y ayuda a la digestión intestinal.
- El comino es una hierba aromática para condimentar sus platillos. Abre el apetito y estimula la digestión. Se diferencia del resto de hierbas por tener un sabor bastante más intenso, con un toque ligeramente amargo.
- La mayonesa contiene vitamina A, proteínas, lecitinas y vinagre que ayudan a tener una piel radiante.

YUCA
AL MOJO DE AJO

PARA LA YUCA:

1   kg [2 lb 3.3 oz] de yuca cortada
      en trozos de 5.5 cm [2.2 in]
      y de 1.5 cm [.6 in] de alto

2   cucharadas de sal o al gusto

PARA EL MOJO DE AJO:

24   dientes de ajo medianos, sin piel,
      finamente picados

½   taza de aceite de oliva

PARA LA GUARNICIÓN:

8   cucharadas de aceite de oliva

8   cucharadas de vinagre

8   cucharadas de jugo de limón

1½   cucharaditas de sal de grano o al gusto

PARA COCER LA YUCA:

En una vaporera agregue la yuca, cuézala durante 1-1½ horas. Deberá quedar al dente. Si requiere que esté más cocida, cuézala durante 2 horas o hasta que floree. Retire del fuego. Resérvela.

PARA PREPARAR EL MOJO DE AJO:

En una sartén caliente el aceite; agregue el ajo finamente picado, fríalo hasta caramelizarlo o hasta que tome un color dorado.

PRESENTACIÓN:

En platos extendidos coloque un trozo de yuca de 5.5 cm [2.2 in], a un lado en forma de torre ponga dos trozos de yuca de 1.5 cm [.6 in]. Sobre ellos ponga una cucharadita de ajo caramelizado; báñelos con una cucharada de aceite de oliva, vinagre y jugo de limón. Acompañe al frente con otra cucharadita del ajo caramelizado o al gusto.

VARIACIONES:
- Haga puré de yuca con el ajo, un poco de crema y mantequilla.
- Ponga la yuca en el caldo de verduras.
- Añada el puré de yuca a la masa de maíz para las tortillas y haga tortillas.
- Acompáñela con frituras de yuca sin piel, rebanada en mandolina frita; salpicada con azúcar.

NOTA:
- Lave las verduras con un cepillo o una esponja, después desinfecte por 15 minutos. Escurra y deje orear antes de utilizarlas en la receta.

PROPIEDADES:
- La yuca ejerce una función astringente por lo que resulta adecuada para el tratamiento de enfermedades intestinales.
- El limón posee vitamina C en abundancia que refuerza las defensas del organismo para evitar enfermedades de las vías respiratorias.
- El ajo crudo tiene propiedades antisépticas, fungicidas, bactericidas y depurativas, debido a que contiene un aceite esencial volátil llamado aliína, que se transforma en alicina, responsable de su fuerte olor y que se elimina por vía respiratoria.
- El vinagre contiene vitamina A, con efectos hidratantes, y al ser rico en potasio tiene efectos diuréticos.
- El aceite de oliva es rico en Omega 3, ácido fólico, es bajo en colesterol. Ayuda al hígado y a las vías biliares.

RAGOÛT
DE HONGOS

PARA EL RAGOÛT DE HONGOS:

1	cucharadita de mantequilla
¼	taza de aceite de oliva
6	dientes de ajo medianos, sin piel, finamente picados
¼	taza de chiles serranos finamente picados
1	kg [2 lb 3 oz] de hongos señoritas, robellones, morillas, clavitos, azules, zetas, negros y patitas de pájaro, limpios, picados en cuarterones
⅓	taza de epazote finamente picado o al gusto
1	cucharadita de sal de grano o al gusto

PARA PREPARAR EL RAGOÛT DE HONGOS:

En una sartén caliente la mantequilla junto con el aceite de oliva, agregue el ajo, la cebolla y el chile serrano, fríalos hasta acitronarlos. Sazone con un poco de sal. Añada los hongos, saltéelos. Vuelva a sazonar. Al último momento agregue el epazote para que no pierda su color y su aroma. Rectifique la sazón.

PRESENTACIÓN:

En platos extendidos coloque un molde rectangular de 10 cm de largo x 6 cm de alto [4 x 2.4 in]. Rellene con 4 cucharadas del ragoût de hongos. Presiónelos ligeramente para que quede la forma rectangular y compacta. Retire el molde con cuidado. Sírvalo de inmediato.

VARIACIONES:
- Haga quesadillas de comal con el ragoût de hongos.
- Agregue queso Oaxaca deshebrado, Chihuahua o de cabra al ragoût; sírvalo en timbal o en quesadillas. Salpique epazote cortado en chifonade al momento de servir.
- Muela el ragoût, hágalo en sopa; incorpore caldo de verduras, crema dulce y cilantro.

NOTAS:
- Lave las verduras con un cepillo o una esponja, después desinfecte por 15 minutos. Escurra y deje orear antes de utilizarlas en la receta.
- Lave los hongos con harina y agua. Enjuáguelos. Tenga cuidado de que no absorban mucha agua porque se ablandan. Escúrralos y deje orear antes de utilizarlos en la receta.
- Lave las hierbas; desinféctelas por 5 minutos. Escurra y deje orear antes de utilizarlas en la receta.

PROPIEDADES:
- Los hongos en general están compuestos por: 90% de agua, 4% de proteínas, 3.3% de hidratos de carbono y 0.15% de grasas. Poseen vitaminas B1, B2, niacina y C; minerales como potasio y fósforo.
- Los hongos setas rebajan la cantidad de glucosa en la sangre, combaten el colesterol, producen linfocitos y disminuyen la hipertensión.
- Los hongos robellones son fuente muy importante de vitaminas, también aportan grandes cantidades de vitamina E, cubriendo la tercera parte de las necesidades diarias de una persona.
- La cebolla contiene calcio, fósforo, potasio, vitamina C, ácido fólico y vitamina E. Estimula el apetito y regulariza las funciones del estómago; es diurética, por lo tanto es un medio importante para depurar el organismo.
- El ajo tiene propiedades antisépticas, fungicidas, bactericidas y depurativas, debido a que contiene un aceite esencial volátil llamado aliína, que se transforma en alicina, responsable de su fuerte olor y que se elimina por vía respiratoria.
- El epazote es una hierba para erradicar los parásitos intestinales. Da buenos resultados en las indigestiones, dolores de estómago, flatulencias y falta de apetito.

CHAYOTES RELLENOS

PARA COCER LOS CHAYOTES:

5	tazas de agua
2	cucharaditas de azúcar
8	chayotes blancos, medianos
2	cucharaditas de sal de grano

PARA EL RELLENO:

¼	taza de aceite de oliva
1	taza de cebolla finamente picada
1½	taza de jitomate
	cortado en cuadros pequeños
2	tazas de pulpa del chayote cocido
1	taza de mora azul, arándanos o pasitas
	Canela al gusto
1	cucharada de sal de grano o al gusto

PARA COCER LOS CHAYOTES:

En una cacerola ponga el agua hervir; agregue el azúcar y la sal. Añada los chayotes, tápelos; cuézalos durante 25-30 minutos a fuego lento. Retire del fuego. Déjelos enfriar durante 4 minutos. Escúrrales el agua. Con un cuchillo filoso parta por la mitad los chayotes, con la ayuda de una cuchara retire la pulpa del centro de manera que queden ahuecados en la cáscara del chayote. Resérvelas.

PARA PREPARAR EL RELLENO:

En una sartén caliente el aceite de oliva, fría la cebolla hasta que quede transparente; agregue el jitomate, la pulpa de chayote, la mora azul y la canela. Sazone con un poco de sal. Incorpore bien los ingredientes (no deberán quedar batidos). Vuelva a cocinarlos durante 10 minutos a fuego lento. Rectifique la sazón.

PRESENTACIÓN:

En platos extendidos coloque de 1-2 cáscaras del chayote; rellene con 3 cucharadas del relleno.

VARIACIONES:
- Añada crema y un queso suave para untar.
- Haga la pulpa de chayote con huevo entero o claras, y rellene las cáscaras.
- Agregue frijoles bayos o alubias.
- Incorpore queso de hebra; adórnelas con una rebanada de jitomate, salpique con pimienta, orégano molido y sal.
- Rellénelas con arroz integral.
- Espolvoree perejil finamente picado y amaranto.

NOTA:
- Lave las verduras con un cepillo o una esponja, después desinfecte por 15 minutos. Escurra y deje orear antes de utilizarlas en la receta.

PROPIEDADES:
- El chayote contiene mucha agua, tiene alto contenido en potasio y en minerales como el zinc y manganeso. Ayuda a combatir problemas de infecciones urinarias como del riñón y vejiga.
- La mora azul conocida como arándano contiene sodio, es rico en fibras y alto en vitamina C. Posee innumerables propiedades nutritivas y es capaz de tratar diversos males cardiovasculares, infecciones urinarias e incluso detener el cáncer en una fase inicial.
- El perejil contiene vitamina C, potasio, zinc, y calcio. Favorece a la digestión estomacal, abre el apetito, es muy adecuado para los espasmos intestinales.
- La alubia tiene alto contenido de vitamina C, fósforo, magnesio y potasio. Aporta fibra, ayuda a la digestión y reduce los niveles de colesterol.
- El amaranto es el producto de origen vegetal más completo, es una de las fuentes más importante de proteínas, minerales y vitaminas naturales: A, B, C, B1, B2, B3; además de ácido fólico, niacina, calcio, hierro y fósforo.

PURÉ DE ELOTE, CHÍCHARO Y HABA

PARA EL PURÉ DE ELOTE:

½	taza de leche
½	taza de caldo de verduras (ver pág. 22)
800	g [1 lb 11 oz] de granos de elote
¾	cebolla cortada
80	g [3 oz] de nabo limpio
80	g [3 oz] de poro limpio
¼	cucharadita de nuez moscada o al gusto
½	cucharadita de azúcar
¼	cucharadita de sal o al gusto

PARA LAS RAJAS DE CHILE POBLANO:

⅓	taza de aceite de oliva
1½	cebolla mediana, fileteada
4	chiles poblanos asados, sin piel, cortados en rajas delgadas
80	g [3 oz] de mantequilla
½-1	cucharadita de sal de grano o al gusto

PARA EL PURÉ DE CHÍCHARO:

3	tazas de agua
4	tazas de chícharos, sin cáscara
⅓	taza de mantequilla derretida
⅓	taza de aceite de oliva
1½	cucharadas de sal de grano o al gusto

PARA EL PURÉ DE HABA:

5	tazas de agua
2	tazas de habas secas
6	dientes de ajo medianos, sin piel
½	taza de mantequilla derretida
¼	taza de aceite de oliva
1¾	cucharadas de sal de grano o al gusto

PARA LA GUARNICIÓN DEL PURÉ DE HABA:

24	habas secas

PARA PREPARAR EL PURÉ DE ELOTE:

En una cacerola ponga a hervir la leche junto con el caldo de verduras, los granos de elote, la cebolla, el nabo, el poro, la nuez moscada, el azúcar y la sal. Cocínelos durante 20-25 minutos o hasta que estén suaves. En una licuadora o procesador de alimentos muela los ingredientes hasta obtener un puré espeso. Rectifique la sazón. Resérvelo.

PARA PREPARAR LAS RAJAS DE CHILE POBLANO:

En una sartén caliente el aceite de oliva, fría la cebolla hasta que esté transparente; añada las rajas de chile poblano y sazone con un poco de sal. Incorpore la mantequilla; saltéelas. Rectifique la sazón. Resérvelas.

PARA PREPARAR EL PURÉ DE CHÍCHARO:

En una cacerola ponga a hervir el agua con una cucharada de sal; cocine los chícharos durante 1-2 minutos. Retírelos. Colóquelos en un recipiente con agua y hielo. Escúrralos. Aparte una taza. Resérvelos. En una licuadora o procesador de alimentos muela los chícharos; sazónelos con la ½ cucharadita de sal junto con la mantequilla y el aceite. En una cacerola caliente el puré de chícharo durante 30 segundos-1 minuto. Rectifique la sazón. Resérvelo.

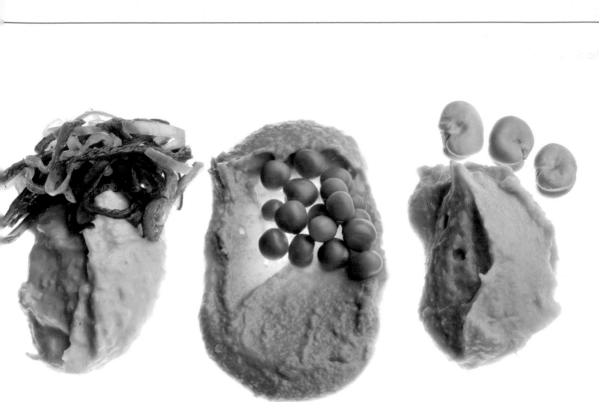

PARA PREPARAR EL PURÉ DE HABA:

En una olla express ponga el agua a calentar con una cucharada de sal. Lave las habas; escúrralas. Agréguelas, añada el ajo. Tape la olla. Cocínelas a fuego mediano durante 20-25 minutos. (Si cuece las habas en una olla de barro, tápelas con una cazuelita de barro, póngale más agua para que mantengan la humedad. Cocínelas durante 1-1½ horas. En caso de que se evapore el agua añada otro poco de agua caliente). Destape a la mitad de su cocción; sazónelas con un poco de sal, continúe su cocción hasta que espesen. En una licuadora o procesador de alimentos muela las habas junto con la mantequilla, el aceite de oliva, y el resto de la sal. Rectifique la sazón. Resérvelo.

PRESENTACIÓN:

En platos extendidos sirva en línea una cucharada de puré de elote, de chícharo y de haba. Sobre el puré de elote, en la parte de arriba, coloque las rajas de chile poblano. Extienda en forma oval el puré de chícharo, ponga al centro 1 cucharada de chícharos cocidos. Con una cuchara grande haga una forma de quenelle abultado de puré de haba y déjelo caer al frente del plato. Adorne con 3 habas secas.

VARIACIONES:

- Haga puré de elote con chile poblano
  o con zanahorias.
- Al puré de chícharo incorpórele espinacas,
  habas verdes o alcachofas; o adórnelo
  con alcachofas salteadas, con cebollitas
  de Cambray, tomillo, mejorana, salvia
  o romero.
- El puré de haba combínelo con puré
  de papa, puré de yuca o alverjón;
  o con garbanzo, frijol peruano o alubias.
- Añada a los purés, cebollín, ajo frito
  o cebolla caramelizada; o sírvalos
  con coles de Bruselas con chimichurri
  al chile de árbol.
- Adórnelos con pimientos rostizados al ajo,
  limón y aceite de oliva con sal de grano.
- Haga puré de camote al horno con piña y
  coco con mantequilla, aceite de oliva y sal.

NOTAS:

- Lave las verduras con un cepillo
  o una esponja, después desinfecte
  por 15 minutos. Escurra y deje orear
  antes de utilizarlas en la receta.
- Limpie las habas secas ya que en ocasiones
  puede encontrar piedras y basuras.
- Deje remojando las habas desde el día
  anterior para que se cuezan más rápido.

PROPIEDADES:

- El maíz del elote es rico en calcio, sodio,
  potasio, vitaminas A, B1, B2, B3 y C.
  Además de almidón y proteínas.
- El nabo contiene vitamina C, potasio, yodo,
  fósforo y calcio. Es esencial para la visión,
  el buen estado de la piel, el cabello,
  las mucosas, los huesos y para el buen
  funcionamiento del sistema inmunológico.
- El chile poblano posee un alto contenido
  de vitaminas C y A. Estimula el ritmo
  metabólico, ayuda a una buena digestión,
  reduce el colesterol, es un anticoagulante
  natural que reduce la posibilidad
  de un ataque cardiaco.
- La cebolla contiene calcio, fósforo, potasio,
  vitamina C, ácido fólico y vitamina E.
  Estimula el apetito y regulariza las
  funciones del estómago; es diurética,
  por lo tanto es un medio importante
  para depurar el organismo.
- El haba es rica en calorías, proteínas,
  fósforo, vitaminas A y E, al igual que
  hidratos de carbono. Ayuda a eliminar
  el colesterol; por su contenido de lecitina
  y colina ayuda a mejorar los síntomas
  de los enfermos de Alzheimer.
- La leche es fuente importante de vitaminas
  para niños y adultos. Contiene vitaminas
  del grupo B (B1, B2 y B12) y un porcentaje
  importante de las A y C.
- Entre los componentes del chícharo destaca
  la vitamina C (ácido ascórbico); minerales
  como el calcio y el magnesio; fibras y ácidos
  (ácido fítico, málico, oleico y linoleico).
  Ayudan a mejorar la circulación y la salud
  del corazón. Favorecen el tránsito intestinal
  previniendo el cáncer de colon.
- El camote aporta hierro y especialmente
  betacaroteno para prevenir el cáncer de
  pulmón. Es fuente de potasio y vitamina C.
- El garbanzo contiene magnesio, con lo cual
  protege al organismo contra enfermedades
  cardiovasculares y el estrés. Es un buen
  alimento para la diabetes ya que
  sus hidratos de carbono son de lenta
  asimilación.

PARA LOS CAMOTES:

2   camotes amarillos grandes, limpios
2   camotes blancos grandes, limpios
2   camotes morados grandes, limpios
½   taza de aceite de oliva extra virgen
           o puro
           Papel aluminio
           Sal de grano al gusto

PARA PREPARAR LOS CAMOTES:

Precaliente el horno a 300 °F-150° C durante 1 hora.

En una charola para horno ponga los camotes; barnícelos con aceite de oliva con la ayuda de una brocha, salpíqueles sal; envuélvalos con el papel aluminio. Hornéelos durante 2 horas o hasta que estén suaves. (La cocción del camote varía según su tamaño). Con la ayuda de un cuchillo filoso corte los camotes en trozos de 2 .5 cm [1 in] de ancho. Resérvelos.

PRESENTACIÓN:

En platos extendidos coloque de 1-2 trozos de camote. Sirva de inmediato.

VARIACIONES:
• Hágalos puré con mantequilla y crema ligera, sazónelo con piloncillo rallado, pimienta y sal al gusto.
• Hornéelos con miel oscura o virgen.

NOTA:
• Lave las verduras con un cepillo o una esponja, después desinfecte por 15 minutos. Escurra y deje orear antes de utilizarlas en la receta.

PROPIEDADES:
• El camote es un fuente de potasio y vitamina C. Cocido y sin endulzar es un magnífico aporte de carbohidratos complejos y satisface el apetito. No contiene grasa y no engorda. Aporta hierro y especialmente betacaroteno, importante para prevenir el cáncer, especialmente el de pulmón.
• El aceite de oliva es rico en Omega 3 y ácido fólico, es bajo en colesterol. Ayuda al hígado y a las vías biliares.
• La miel contiene vitaminas del grupo B y C. Las mieles de color más oscuro contienen más vitaminas que las claras, así como también son portadoras de más minerales como calcio, magnesio y potasio.
• La mantequilla representa la principal fuente de vitaminas A y D, y lo mismo puede decirse de la E. Contiene sales minerales como calcio, fósforo, sodio, potasio, magnesio, zinc, manganeso, hierro, cobre, flúor, yodo, cromo y selenio.
• Las propiedades del piloncillo son minerales, vitaminas, fructuosa y glucosa. Tiene usos medicinales como cicatrizante; y para aliviar los malestares del resfriado y la gripa.

MORILLAS A LA CREMA
CON MEZCAL

PARA LAS MORILLAS:

1	cucharada de mantequilla
¼	taza de aceite de oliva
½	taza de cebolla finamente picada
3	dientes de ajo medianos, sin piel, finamente picados
¼	taza de echalote finamente picada
500	g [1 lb 1 oz] de morillas limpias
1	taza de crema dulce
½	taza de mezcal
⅛	cucharadita de nuez moscada o al gusto
¼	cucharadita de pimienta negra recién molida
1	cucharadita de sal de grano o al gusto

PARA PREPARAR LAS MORILLAS:

En un wok caliente la mantequilla junto con el aceite de oliva, agregue la cebolla y el ajo junto con la echalote; fríalos hasta que estén transparentes; incorpore las morillas, saltéelas. Sazone. Añada la crema dulce, el mezcal, la nuez moscada, la pimienta negra y la sal. Cocine durante 20-30 minutos hasta que espese la salsa. Rectifique la sazón.

PRESENTACIÓN:

En platos extendidos sirva las morillas en forma horizontal entrecruzadas; a un lado coloque otra morilla. Salséelas ligeramente. Al frente haga una línea con la salsa.

VARIACIONES:

- Sirva las morillas con la salsa de crema; acompañe con fettuccini.
- Haga tartas con las morillas y encima ponga queso gruyère rallado.
- Muela las morillas, incorpore caldo de verduras; sirva la sopa con morillas salteadas.
- Incorpore a las morillas chile chipotle, chile pasilla, morita o chile serrano.

NOTAS:

- Lave las verduras con un cepillo o una esponja, después desinfecte por 15 minutos. Escurra y deje orear antes de utilizarlas en la receta.
- Lave los hongos con harina y agua. Enjuáguelos. Tenga cuidado de que no absorban mucha agua porque se ablandan. Escúrralos y deje orear antes de utilizarlos en la receta.

PROPIEDADES:

- Los hongos en general están compuestos por: 90% de agua, 4% de proteínas, 3.3% de hidratos de carbono y 0.15% de grasas. Poseen vitaminas B1, B2, niacina y C; minerales como potasio y fósforo.
- El hongo morilla contiene elevados índices de carbohidratos, sales minerales, agua y también se le atribuyen propiedades anticancerígenas y antioxidantes.
- La echalote es rica en vitaminas y minerales. Es un estimulante remineralizante y aperitivo.
- La cebolla contiene calcio, fósforo, potasio, vitamina C, ácido fólico y vitamina E. Estimula el apetito y regulariza las funciones del estómago; es diurética, por lo tanto es un medio importante para depurar el organismo.
- El ajo contiene propiedades antisépticas, fungicidas, bactericidas y depurativas, debido a que contiene un aceite esencial volátil llamado aliína, que se transforma en alicina, responsable de su fuerte olor y que se elimina por vía respiratoria.
- La crema tiene calorías y proteínas, así como vitaminas A, D y calcio. La presencia de grasas saturadas eleva los índices de colesterol como los triglicéridos en sangre.

HUEVOS DE CODORNIZ
AL HORNO
CON JOCOQUE Y CREMA

PARA LOS HUEVOS DE CODORNIZ:

24	huevos de codorniz frescos
50	g [1.6 oz] de pimienta negra recién molida
50	g [1.6 oz] de sal o al gusto

PARA LA GUARNICIÓN:

8	cucharadas de crema natural, espesa
8	cucharadas de jocoque
	Pimienta negra recién molida

PARA PREPARAR
LOS HUEVOS DE CODORNIZ:

Precaliente el horno a 300 °F-150 °C durante 1 hora.

Con la ayuda de un cuchillo rompa los huevos por la parte de en medio; coloque en cada uno de los vasitos o ramequines de porcelana tres huevos de codorniz. Ponga una pizca de pimienta y sal. Mezcle la crema y el jocoque. Agregue 1½ cucharadas a cada uno. Hornéelos durante 6-8 minutos.

PRESENTACIÓN:

En platos extendidos sirva cada vasito o ramequin de porcelana. Acompañe con una cucharadita de la mezcla de jocoque y crema. Adorne con pimienta recién molida. Sírvalos de inmediato.

VARIACIONES:
- Agregue a la crema o al jocoque chile poblano picado en crudo o chile asado, sudado, sin piel; muélalo con un trozo de cebolla y un diente de ajo, remuélalo todo; sazone con sal y recubra los huevos de codorniz.
- Ase chile ancho con un trozo de cebolla, un diente de ajo, pimienta y sal. Muélalos y cubra los huevos de codorniz.
- Agregue a la crema chipotle, pimienta y sal.
- Incorpore queso asadero o Chihuahua.

NOTAS:
- Lave las verduras con un cepillo o una esponja, después desinfecte por 15 minutos. Escurra y deje orear antes de utilizarlas en la receta.
- Lave los huevos y séquelos antes de usarlos en la receta.
- No deje los huevos tanto tiempo en el agua ya que la cáscara es porosa y la absorbe.
- La cocción de los huevos de codorniz depende del tiempo que se les de; con menos tiempo quedan tiernos.

PROPIEDADES:
- En el huevo de codorniz encontramos minerales como hierro, fósforo, magnesio, calcio, potasio y sodio. Posee elevadas cantidades de vitaminas B1, B2, D y C. Es recomendado por cardiólogos y pediatras; ayuda a la hipertensión.
- La crema tiene calorías y proteínas así como vitaminas A, D y calcio. La presencia de grasas saturadas eleva los índices de colesterol como los triglicéridos en sangre.
- El jocoque contiene calorías y proteínas, así como vitaminas A, D y calcio.

SALSIFÍES
EMPANIZADOS

PARA COCER LOS SALSIFÍES:

10	tazas de agua
24	salsifíes medianos, limpios
1	cucharada de sal de grano o al gusto

PARA EMPANIZAR LOS SALSIFÍES:

5	huevos
1	taza de leche
2	tazas de pan molido
½-1	cucharadita de sal o al gusto

PARA FREÍR LOS SALSIFÍES:

1	taza de aceite de oliva

PARA COCER LOS SALSIFÍES:

En una olla grande ponga el agua a hervir junto con la sal de grano; agregue los salsifíes. Déjelos cocer durante 10-15 minutos o hasta que estén suaves. Escúrralos. Apártelos.

PARA EMPANIZAR LOS SALSIFÍES:

Bata los huevos junto con la leche. Sazone con un poco de sal. Pase los salsifíes por el batido de huevo con leche; escúrralos. Ponga el pan en una charola; sacúdala. Ponga los salsifíes escurridos sobre la charola; empanícelos por ambos lados de manera que queden cubiertos. Retírelos. Refrigérelos durante ½ hora para que se adhiera el pan molido. Resérvelos.

PARA FREÍR LOS SALSIFÍES:

En una sartén profunda caliente el aceite de oliva; fría los salsifíes hasta que tomen un color dorado parejo. Escúrralos sobre papel absorbente. Resérvelos.

PRESENTACIÓN:

En platones extendidos sirva los salsifíes empanizados. Sírvalos de inmediato.

VARIACIONES:

- Corte los salsifíes en trozos, póngalos en un refractario, recúbralos con crema, pimienta blanca o negra y sal; recúbralos con queso gruyère y asadero. Hornéelos.
- Ralle los salsifíes cocidos; saltéelos con mantequilla y sazónelos con perejil.
- Hágalos en sopa con caldillo de jitomate.
- Haga tortitas de huevo con los salsifíes; sírvalos con caldillo de chipotle o chile jalapeño asado con tomate verde o jitomate asado, ajo, cebolla y sal.
- Saltee con aceite de oliva o de girasol los salsifíes y rajas de chile poblano.
- Combínelos con cubo de berenjena, calabacita, jitomate y haga quinche sin pasta; agregue crema, queso, nuez moscada, pimienta. Combínele queso gruyère o manchego o asadero o queso de cabra, incorpórelos y hornee el quiche.

NOTA:

- Lave las verduras con un cepillo o una esponja, después desinfecte por 15 minutos. Escurra y deje orear antes de utilizarlas en la receta.

PROPIEDADES:

- La leche es fuente importante de vitaminas para niños y adultos. Contiene vitaminas del grupo B (B1, B2 y B12) y un porcentaje importante de las A y C.
- El huevo es fuente de grasas, proteínas y vitaminas A, D, E, B, B12. Es uno de los alimentos de origen animal más ricos en zinc y selenio.
- Los salsifíes son un tubérculo que ayuda al padecimiento del estreñimiento. El agua en la que se han cocido los salsifíes es excelente contra la gota, reumatismos y enfermedades de la piel. Contiene vitaminas B1, B2 y C.
- El aceite de oliva es rico en Omega 3 y ácido fólico; es bajo en colesterol. Ayuda al hígado y a las vías biliares.

TACO
PLACERO

PARA LOS NOPALES:

5	tazas de agua
16	nopales pequeños, cortados en cuadros pequeños
1	cebolla mediana, cortada a la mitad
4	dientes de ajo medianos, sin piel
4	cáscaras de tomate verde
2	hojas de elote
¾	cucharada de sal de grano o al gusto

PARA LAS HABAS VERDES:

3	tazas de agua
1	taza de habas verdes, sin cáscara
1	cucharada de sal de grano
	Hielos

PARA LA GUARNICIÓN:

16	tortillas azules
1	taza de jitomate cortado en cuadros pequeños
1	taza de cebolla finamente picada
1	taza de cilantro finamente picado
2	chiles manzanos en rebanadas delgadas
⅓	taza de jugo de limón
	Aceite de oliva
	Sal de grano

PARA PREPARAR LOS NOPALES:

En una olla de cobre caliente agua; cuando hierva agregue los nopales, la cebolla, los dientes de ajo, las cáscaras de tomate, las hojas elote y la sal. Cocínelos a fuego lento durante 30-35 minutos o hasta que estén suaves. Rectifique la sazón. Escúrralos pasándolos por una canasta de mimbre para córtarles la baba. Resérvelos.

PARA PREPARAR LAS HABAS:

En una cacerola ponga a hervir el agua con la sal; pase las habas durante 1 minuto. Retírelas. Colóquelas en un recipiente con agua y hielo durante unos minutos. Escúrralas. Resérvelas.

PRESENTACIÓN:

En platos extendidos coloque de 1-2 tortillas, sobre cada una ponga por un costado 3 cucharadas de nopales, en el centro 1 cucharada de jitomate, cebolla y cilantro; por el otro lado 12 habas. Adorne con 4 rebanadas de chile manzano. Rocíe ⅛ de cucharadita de jugo de limón y aceite de oliva. Salpique con sal de grano. Sirva de inmediato.

VARIACIONES:

- Haga los tacos con rebanadas de aguacate y cebolla Cambray rebanada a lo largo; agregue rajas de chile manzano encurtido con limón, aceite de oliva y sal de grano.
- Agregue muchas ramas de cilantro, epazote, pepicha, pápalo, espinaca baby o quelites al vapor y huevos de codorniz picados.
- Acompáñelos con salsa de xoconostle, tomate verde asado y chile chipotle, mora o morita; o salsa verde cruda; o con guacamole ligero.
- Haga el taco de nopales con ayocotes y salsa de chile ancho, ajo, cebolla, clavo, canela, pimienta y sal.
- Acompañe con rábanos.

NOTA:

- Lave las verduras y las frutas con un cepillo o una esponja, después desinfecte por 15 minutos. Escurra y deje orear antes de utilizarlas en la receta.
- Lave las hierbas; desinféctelas por 5 minutos. Escurra y deje orear antes de utilizarlas en la receta.

PROPIEDADES:

- Las habas contienen calorías, proteínas, fósforo, vitaminas A y E, al igual que hidratos de carbono. Ayudan a eliminar el colesterol; por su contenido de lecitina y colina ayudan a mejorar los síntomas de los enfermos de Alzheimer.
- En los nopales se pueden encontrar hidratos de carbono, proteínas, calcio y fibra. Los nopales ayudan contra la obesidad, diabetes, colesterol y desórdenes gastrointestinales.
- El jitomate es rico en vitaminas A, B y C. También contiene calcio, hierro, cobre, potasio y propiedades antioxidantes. Revitaliza los tejidos internos.
- La cebolla contiene calcio, fósforo, potasio, vitamina C, ácido fólico y vitamina E. Estimula el apetito y regulariza las funciones del estómago; es diurética, por lo tanto es un medio importante para depurar el organismo.
- El cilantro mejora el apetito en las personas que padecen anemia y la digestión cuando sufren estreñimiento.
- El maíz contiene calcio, sodio, potasio y vitaminas A, B1, B2, B3 y C.
- El aceite de oliva es rico en Omega 3 y ácido fólico; es bajo en colesterol. Ayuda al hígado y a las vías biliares.
- El limón posee vitamina C en abundancia que refuerza las defensas del organismo para evitar enfermedades de las vías respiratorias. Al limón se le atribuyen propiedades antiinflamatorias, antioxidantes y protectoras de los vasos sanguíneos.

CHILE RELLENO
DE TAMAL DE ELOTE

PARA LOS CHILES RELLENOS DE TAMAL DE ELOTE:

8	chiles poblanos medianos
500	g [1 lb 3 oz] de granos de elote
140	g [4.6 oz] de mantequilla
¾	taza de azúcar
¼	cucharadita de nuez moscada
24	hojas de elote frescas
16	tiras de hojas de elote de 1.5 cm [.5 in] de ancho
3	pizcas de sal o al gusto

PARA PREPARAR LOS CHILES RELLENOS DE TAMAL DE ELOTE:

Ase los chiles a fuego directo y voltéelos con la ayuda de unas pinzas; páselos a un trapo húmedo o en una bolsa de plástico para que suden durante 5-8 minutos, retíreles la piel, lávelos en la corriente de agua, hágales una incisión por un costado sin romperlos; con cuidado retire las semillas. Resérvelos. En el procesador de alimentos muela los granos de elote, la mantequilla el azúcar, la nuez moscada junto con la sal hasta obtener una consistencia espesa. Rectifique la sazón. Rellene los chiles poblanos con 3-4 cucharadas. Entrelace 3 hojas de elote frescas, coloque un chile relleno, envuélvalos y ate los extremos de las hojas. Corte cuadros de papel aluminio enróllelos; cocínelos a vapor durante 30-40 minutos. Retírelos del fuego.

PRESENTACIÓN:

En un platón coloque los chiles calientes en las hojas de elote. Sirva de inmediato. Acompáñelas con crema espesa, queso fresco o Pijijiapan.

VARIACIONES:
- Recaliente los chiles rellenos y sírvalos de inmediato.
- Rellene los chiles con la pasta del tamal de elote, agréguele frijol, rajas salteadas, queso Oaxaca o requesón.
- Agréguele queso de morral, Oaxaca, asadero o Pijijiapan.
- Agréguele un poco de piquín seco, ligeramente tostado.
- Acompáñelos con caldillo de jitomate.

NOTA:
- Lave las verduras con un cepillo o una esponja, después desinfecte por 15 minutos. Escurra y deje orear antes de utilizarlas en la receta.

PROPIEDADES:
- El chile poblano posee un alto contenido de vitaminas C y A. Estimula el ritmo metabólico, ayuda a una buena digestión, reduce el colesterol, es un anticoagulante natural que reduce la posibilidad de un ataque cardiaco.
- El maíz del elote es rico en calcio, sodio y potasio; vitaminas A, B1, B2, B3 y C. Además de almidón y proteínas.
- La leche es fuente importante de vitaminas para niños y adultos. Contiene vitaminas del grupo B (B1, B2 y B12) y un porcentaje importante de las A y C.
- De la mantequilla se destaca su poder energético; cuenta con vitaminas como la A y la D.

ARROZ
FRITO INTEGRAL

PARA EL ARROZ:

⅓	taza de aceite de oliva puro o extra virgen
6	dientes de ajo medianos, sin piel, finamente picados
1	cebolla mediana, finamente picada
3	tazas de arroz integral remojado
⅓	taza de semilla de girasol entera
⅓	taza de semilla de calabaza entera
⅓	taza de piñón entero
⅓	taza de nuez finamente picada
⅓	taza de nuez de la india finamente picada
⅓	taza de almendra finamente picada, con piel
⅓	taza de macadamia finamente picada
⅓	taza de ciruela pasa finamente picada
⅓	taza de mora azul entera, deshidratada
⅓	taza de dátil deshidratado, finamente picado
3	tazas de agua caliente
1	cucharada de sal de grano o al gusto

PARA LA GUARNICIÓN:

12	cucharadas de pepita asada, entera
8	cucharadas de cacahuate sin cáscara, sin piel
2	cucharadas de sal de chile piquín

PARA PREPARAR EL ARROZ:

En una cacerola caliente el aceite, fría el ajo junto con la cebolla hasta que estén caramelizados. Incorpore el arroz; fríalo durante 10 minutos. Agregue todos los granos y frutos secos; refría durante 10-15 minutos. Sazone con un poco de sal. Vierta el agua, tápelo; cocínelo durante 15-25 minutos o hasta que el arroz esté suave.

PRESENTACIÓN:

En platos extendidos coloque un aro de 7.5 cm de diámetro x 4 cm de altura [3 x 1.6 in], rellene con 4 cucharadas del arroz frito; con la ayuda de una cuchara presiónelo ligeramente para que quede la forma redonda y compacta. Retire el aro con cuidado. En la parte de arriba ponga 1½ cucharadas de pepitas junto con 1 cucharada de cacahuate. Espolvoree con sal de chile piquín.

VARIACIONES:
- Hágalos con nuez de la india.
- Agregue pasitas.
- Incorpore arándano seco.
- El arroz se puede servir caliente o frío.
- Añada al arroz aderezo de mirín con chile de árbol marca "Gavilla".
- Agréguele curry en polvo.
- Incorpore al arroz hierbas de olor como cilantro, epazote, cebollín, espinaca, acelga, cebollita de Cambray. Adorne con polvo de cacahuate.
- Desmorone queso de cabra sobre el arroz.
- Cocínelo con coco rallado y adórnelo con el mismo coco.

NOTAS:
- Lave las verduras con un cepillo o una esponja, después desinfecte por 15 minutos. Escurra y deje orear antes de utilizarlas en la receta.
- Lave las semillas; escurra y deje orear antes de utilizarlas en las recetas.

PROPIEDADES:
- El arroz integral además de energía proporciona fibra. Es rico en vitaminas B1, B2 y B3. Los principales minerales que contiene el arroz son potasio, magnesio y hierro. Una dieta rica en arroz es recomendable para personas que quieran adelgazar.
- El ajo crudo tiene propiedades antisépticas, fungicidas, bactericidas y depurativas; debido a que contiene un aceite esencial volátil llamado alína, que se transforma en alicina, responsable de su fuerte olor y que se elimina por vía respiratoria.
- La cebolla contiene calcio, fósforo, potasio, vitamina C, ácido fólico y vitamina E. Estimula el apetito y regulariza las funciones del estómago; es diurética, por lo tanto es un medio importante para depurar el organismo.
- El piñón es rico en grasas, magnesio, hierro y fósforo. Debe masticarse bien para digerirse o lo puede consumir como leche. Se emplea en las anemias y el cansancio. Es ideal para deportistas.
- La almendra contiene vitaminas B, C y E; tienen alto contenido en ácido fólico. Es un estimulante de las secreciones lácteas, muy convenientes para la lactancia.
- La nuez constituye una buena fuente de vitaminas B y C. Contiene calcio, el cual ayuda a prevenir la osteoporosis. Cuida el corazón y a prevenir distintas enfermedades.
- La mora azul contiene sodio, es rica en fibras y en vitamina C. Posee innumerables propiedades nutritivas y es capaz de tratar diversos males cardiovasculares, infecciones urinarias e incluso detener el cáncer en una fase inicial.
- La ciruela posee hidratos de carbono; también contiene fibra, fósforo, hierro, sodio, magnesio, agua, calcio, cobre, zinc y selenio; vitaminas A, C, B1 y B2. Contiene además gran cantidad de potasio, lo que contribuye a eliminar líquidos corporales y evita así el problema de retención de líquidos, además de que protege contra problemas cardiovasculares.
- El dátil es un alimento muy energético. Contiene minerales, potasio, magnesio y calcio. Ayuda a prevenir la anemia, problemas gastrointestinales y el colesterol.
- El coco es un alimento rico en fibra y potasio; así como en cobre, zinc, hierro, ácido fólico y fósforo. También se encuentran vitaminas C y del grupo B. Se puede utilizar para controlar la diabetes y obesidad; estimula varios procesos del aparato digestivo.

ARROZ BLANCO AL VAPOR EN HOJA SANTA

PARA EL ARROZ:

2½	tazas de agua
6	hojas santa grandes, limpias
2	tazas de arroz blanco
¼	cebolla
1	diente de ajo mediano, sin piel
3	chiles serranos enteros
1½	cucharadita de sal de grano o al gusto

PARA LOS QUELITES:

⅓	taza de aceite de oliva
1	cebolla fileteada
1	kg [2 lb 3 oz] de quelites limpios
1-1½	cucharaditas de sal de grano o al gusto

PARA LAS VERDOLAGAS:

⅓	taza de aceite de oliva
1	cebolla fileteada
1	kg [2 lb 3 oz] de verdolagas limpias
1-1½	cucharaditas de sal de grano o al gusto

PARA LOS JITOMATES:

½	taza de aceite de oliva
20	dientes de ajo medianos, sin piel
32	jitomates cherry partidos por la mitad
1-1½	cucharaditas de sal de grano o al gusto

PARA LA GUARNICIÓN:

Pimienta negra recién molida o al gusto

PARA PREPARAR EL ARROZ:

En una cacerola vierta el agua, coloque una cama de hoja santa; ponga el arroz al centro junto con la cebolla, el ajo, los chiles y la sal. Cubra nuevamente con hoja santa; tápelo. Cocínelo durante 20-25 minutos a fuego lento. Rocíe 2-3 cucharadas de agua mezclada con una pizca de sal. Rectifique la sazón. Apártelo.

PARA PREPARAR LOS QUELITES:

En una sartén caliente el aceite de oliva, fría la cebolla hasta que esté transparente. Agregue los quelites; sazone con un poco de sal. Saltéelos durante 1-2 minutos. Rectifique la sazón. Resérvelos.

PARA PREPARAR LAS VERDOLAGAS:

Precaliente una sartén, añada el aceite de oliva, fría la cebolla hasta que esté transparente, agregue las verdolagas; sazone con un poco de sal, saltee rápidamente (las verdolagas deberán quedar crujientes, sin sobrecocinarlas). Rectifique la sazón.

PARA PREPARAR LOS JITOMATES:

Precaliente una sartén e incorpore el aceite de oliva, fría el ajo hasta caramelizarlo; añada los jitomates cherry. Sazone con un poco de sal. Saltéelos durante 10-20 segundos (para que no queden muy cocidos y sin textura). Rectifique la sazón.

PRESENTACIÓN:

En platos extendidos coloque una hoja santa, encima un molde ovalado de 9 de diámetro x 5 de ancho x 2.7 cm de altura; [3.6 x 2 x 1 in] rellene con 2 cucharadas de arroz, con la ayuda de una cuchara presiónelo para que quede la forma ovalada y compacta. Retire con cuidado el molde. Encima del arroz coloque 3 mitades de jitomate cherry con el ajo. A un lado coloque 2½ cucharadas de quelites salteados, al frente 2½ cucharadas de verdolagas. Por último en la parte de arriba de la hoja coloque 5 mitades de jitomate cherry salteados con el ajo caramelizado. Espolvoree pimienta recién molida sobre los jitomates cherry.

VARIACIONES:

- Adórnelo con hierbas mexicanas como el cilantro o epazote, y rebanadas de aguacate con huevo duro picado o acompáñelo con ensalada de jitomate, cebolla, huevo duro y perejil.
- Haga el arroz con chile poblano a la crema.
- Incorpore pimientos asados, cortados en rajas con calabacitas y berenjenas.
- Sírvalos con salsa de jitomate, hongos salteados de la temporada y adórnelos con hongos secos; salpíquelos con un poco de sal.

NOTAS:

- Lave las verduras con un cepillo o una esponja, después desinfecte por 15 minutos. Escurra y deje orear antes de utilizarlas en la receta.
- Lave las hierbas; desinféctelas por 5 minutos. Escurra y deje orear antes de utilizarlas en la receta.
- Humedezca el arroz con un poco de agua caliente para que se compacte y tome forma.

PROPIEDADES:

- El arroz además de energía proporciona fibra. Es rico en vitaminas B1, B2 y B3. Los principales minerales que contiene el arroz son potasio, magnesio y hierro. Una dieta rica en arroz es recomendable para personas que quieran adelgazar.
- La hoja santa se emplea en una infusión para estimular las funciones digestivas y calmar los cólicos. Contiene propiedades diuréticas y sirve como anestésico local.
- El ajo contiene propiedades antisépticas, fungicidas, bactericidas y depurativas, debido a que contiene un aceite esencial volátil llamado aliína, que se transforma en alicina, responsable de su fuerte olor y que se elimina por vía respiratoria.

- La cebolla contiene calcio, fósforo, potasio, vitamina C, ácido fólico y vitamina E. Estimula el apetito y regulariza las funciones del estómago; es diurética, por lo tanto es un medio importante para depurar el organismo.
- El chile serrano tiene vitaminas A y C; potasio, hierro y magnesio. Estimula el ritmo metabólico; ayuda a una buena digestión; reduce el colesterol; es un anticoagulante natural que reduce la posibilidad de un ataque cardiaco.
- Los quelites contienen vitaminas y minerales.
- La verdolaga tiene alto contenido de proteínas, carbohidratos, fibras, calcio, fósforo y hierro. Depura la sangre, ayuda a que los riñones tengan un buen funcionamiento.
- El jitomate es rico en vitaminas A, B y C. También contiene calcio, hierro, cobre, potasio y propiedades antioxidantes. Revitaliza los tejidos internos.
- El epazote es una hierba para erradicar los parásitos intestinales. Da buenos resultados en las indigestiones, dolores de estómago, flatulencias y falta de apetito.
- El perejil contiene vitamina C, potasio, zinc, y calcio. Favorece a la digestión estomacal, abre el apetito, es muy adecuado para los espasmos intestinales.
- El aguacate tiene una gran cantidad de vitaminas, ácido fólico, omega 6 y 3, calcio, fósforo y hierro. Contiene vitamina E; sirve para proteger contra las enfermedades cardiacas.
- El cilantro mejora el apetito en las personas que padecen anemia y la digestión cuando sufren estreñimiento.

ELOTES
AL PERICÓN

PARA LOS ELOTES:

15	tazas de agua
1	cucharita de azúcar
8	elotes tiernos, medianos, sin hojas
1	manojo de pericón fresco
1	cucharita de sal o al gusto

PARA LA GUARNICIÓN:

8	hojas de elote frescas
½	taza de crema natural, espesa
80	g [2.6 oz] de mantequilla cortados en cuadros de 10 g [.3 oz] cada uno
8	ramas de pericón fresco
	Sal de chile piquín al gusto

PARA COCER LOS ELOTES:

En una olla ponga a hervir el agua con el azúcar y la sal; incorpore los elotes junto con el pericón. Cocínelos durante 35-40 minutos a fuego lento o hasta que estén suaves.

PRESENTACIÓN:

En platos extendidos coloque una hoja de elote, sobre ésta ponga el elote cocido; acompañe con una cucharada de crema y 1 cuadrito de mantequilla. Espolvoree con la sal de chile piquín y adorne con una ramita de pericón fresco.

VARIACIONES:
- Sirva el elote tierno con mayonesa, limón, chile piquín y sal.
- Acompáñelo con aceite de oliva infusionado con ajo, cebolla, chile de árbol y sal al gusto.
- Acompañe con mayonesa al chipotle.

NOTAS:
- Lave las verduras con un cepillo o una esponja, después desinfecte por 15 minutos. Escurra y deje orear antes de utilizarlas en la receta.
- El tequesquite y el pericón le dan más color y sabor.

PROPIEDADES:
- El maíz contiene calcio, sodio, potasio, vitaminas A, B1, B2, B3 y C. Además de almidón y proteínas.
- La crema tiene calorías y proteínas así como vitaminas A, D y calcio. La presencia de grasas saturadas eleva los índices de colesterol como los triglicéridos en sangre.
- De la mantequilla se destaca su poder energético; cuenta con vitaminas como la A y la D.
- El chile piquín contiene vitaminas A y C; potasio, hierro y magnesio. Estimula el ritmo metabólico, ayuda a una buena digestión, reduce el colesterol y es un anticoagulante natural que reduce la posibilidad de un ataque cardiaco.

PAN
NATURISTA

PARA EL PAN:

1¼	tazas de leche
2	tazas de salvado
1¼	tazas de harina integral
½	taza de harina de soya
½	taza de amaranto
2	cucharaditas de germen de trigo molido o entero
4	huevos batidos
¾	taza de miel de maguey
1	taza de pasitas
1	taza de nuez finamente picada
2	cucharaditas de polvo para hornear
	Mantequilla o aceite
	Pan molido
½	cucharadita de sal de grano

PARA PREPARAR EL PAN:

Precaliente el horno a 350 °F-150 °C durante 1 hora.

En un recipiente ponga a hervir la leche, agréguela al salvado, repóselo en un bowl durante 10 minutos. Incorpore la harina integral, la harina de soya, el amaranto, el germen de trigo, los huevos, la miel de maguey, las pasitas, la nuez, el polvo de hornear y la sal. Mezcle todos los ingredientes hasta dejar una pasta homogénea. Engrase con mantequilla o aceite y espolvoree un poco de pan molido en un molde de 24 cm de largo x 10 cm de ancho [9.6 x 4 in]. Vierta la pasta, hornéela durante 45 minutos.

PRESENTACIÓN:

Con un cuchillo de sierra corte el pan en rebanadas de 3 cm [1.2 in] de ancho. Sírvalas en un platón y colóquelas al centro de la mesa.

VARIACIONES:

- Agregue a la masa del pan: ajonjolí, semillas de girasol, amaranto, cacahuate picado, pepitas, mora azul, cerezas o arándanos secos.
- Haga el pan en moldes pequeños o como panquecitos

NOTAS:

- Lave los huevos y séquelos antes de usarlos en la receta.
- No deje los huevos mucho tiempo en el agua ya que la cáscara es porosa y la absorbe.

PROPIEDADES:

- La leche es fuente importante de vitaminas para niños y adultos. Contiene vitaminas del grupo B (B1, B2 y B12) y un porcentaje importante de las A y C.
- La harina integral contiene minerales (calcio, magnesio, hierro, potasio, sílice, etc.) y fibra (ésta es fundamental en la regulación de la absorción y movilidad intestinal).
- La soya es un alimento con propiedades tanto nutritivas como terapéuticas. Contiene proteínas, ácidos grasos, hidratos de carbono, fibras, minerales y vitaminas. Previene diferentes tipos de cáncer, problemas cardiovasculares y osteoporosis. Eficaz para tratar los sofocos de la etapa menopáusica.
- El amaranto es el producto de origen vegetal más completo; es una de las fuentes más importante de proteínas, minerales y vitaminas naturales: A, B, C, B1, B2, B3; además de ácido fólico, niacina, calcio, hierro y fósforo.
- El germen de trigo posee proteínas y vitaminas muy importantes (B1, B2, B6, E, K, etc.), además gran cantidad de minerales (potasio, fosfatos, calcio, magnesio) y algunos de ellos en pequeñas cantidades (oligoelementos) como hierro, zinc, manganeso, yodo y flúor, entre otros.
- El huevo es fuente de grasas, proteínas y vitaminas A, D, E, B, B12. Es uno de los alimentos de origen animal más ricos en zinc y selenio.
- La miel es de fácil asimilación, es fundamental por su alto valor energético y estimulante. Contiene gran cantidad de vitaminas y minerales armoniosamente combinados.
- La nuez constituye una buena fuente de vitaminas B y C. Contiene calcio, el cual ayuda a prevenir la osteoporosis. Cuida el corazón y ayuda a la salud.

GALLETAS
NATURISTAS

PARA LAS GALLETAS:

2	tazas de harina integral
1	cucharada de polvo para hornear
1¼	cucharadas de canela en polvo
¼	cucharadas de jengibre en polvo
1½	tazas de pasitas amarillas o cafés
1	taza de nuez finamente picada
1	taza de avellana finamente picada
½	taza de piñones enteros
1	taza de cacahuate finamente picado
½	taza de semilla de girasol
¼	taza de ajonjolí blanco, negro o combinado
½	taza de germen de trigo molido
1	taza de avena
250	g (8 oz) de mantequilla
½	taza de crema de cacahuate
¾-1	taza de piloncillo en polvo o ¼ de azúcar
2	tazas de leche
¾	cucharadas de sal

PARA PREPARAR LAS GALLETAS:

Precaliente el horno a 350 °F-150° C durante 1 hora.

En un bowl grande cierna la harina junto con el polvo para hornear, la canela, el jengibre y la sal. Agregue las pasitas, la nuez, las avellanas, los piñones, los cacahuates, las semillas de girasol, el ajonjolí, el germen de trigo y la avena. En la batidora acreme la mantequilla junto con la crema de cacahuate, el piloncillo o el azúcar, los huevos y la leche. Mezcle todos los ingredientes hasta obtener una masa homogénea. Haga las galletas de una cucharada, con la parte de atrás de la cuchara presiónela; déjela de 1 cm [.4 in] de grueso. En charolas para horno, ponga el tapete silpack; hornee las galletas durante 45 minutos o hasta que tomen un color café oscuro. Retírelas del horno. Enfríelas sobre una rejilla.

PRESENTACIÓN:

Sirva las galletas en platones al centro de la mesa.

VARIACIONES:
- Agregue jengibre fresco rallado.
- Sustituya la crema de cacahuate por crema de almendra, de nuez de la India o de pepita ligeramente tostada.
- Hornee una charola a la vez para que no se quemen las galletas.

NOTAS:
- Lave los huevos y séquelos antes de usarlos en la receta.
- No deje los huevos tanto tiempo en el agua ya que la cáscara es porosa y la absorbe.

PROPIEDADES:
- La canela posee vitamina C; minerales como calcio, fósforo, hierro, potasio y sodio. Tiene propiedades digestivas y ayuda en el tratamiento de las anomalías respiratorias más comunes.
- El germen de trigo posee proteínas y vitaminas muy importantes (B1, B2, B6, E, K, etc.), además de gran cantidad de minerales (potasio, fosfatos, calcio, magnesio) y algunos de ellos en pequeñas cantidades como el hierro, zinc, manganeso, yodo y flúor, entre otros.
- En el huevo encontramos minerales como hierro, fósforo, magnesio, calcio, potasio y sodio. Posee elevadas cantidades de vitaminas B1, B2, D y C. Es recomendado por cardiólogos y pediatras, ayuda a la hipertensión.
- La leche es fuente importante de vitaminas para niños y adultos. Contiene vitaminas del grupo B (B1, B2 y B12) y un porcentaje importante de las A y C.
- El piñón es rico en grasas, magnesio, hierro y fósforo. Debe masticarse bien para digerirlo o lo puede consumir como leche. Se emplea en las anemias y es bueno para el cansancio. Es ideal para deportistas.

- La nuez constituye una buena fuente de vitaminas B y C. Contiene calcio, el cual ayuda a prevenir la osteoporosis. Cuida el corazón y a prevenir distintas enfermedades.
- Las pasas poseen hidratos de carbono, también contienen fibra, fósforo, hierro, sodio, magnesio, agua, calcio, cobre, zinc, selenio y vitaminas A, C, B1 y B2. Contiene además gran cantidad de potasio, lo que contribuye a eliminar líquidos corporales y evita así el problema de retención de líquidos además de que protege contra problemas cardiovasculares.
- La mantequilla representa la principal fuente de vitaminas A y D; lo mismo puede decirse de la E. Contiene sales minerales como calcio, fósforo, sodio, potasio, magnesio, zinc, manganeso, hierro, cobre, flúor, yodo, cromo y selenio.
- El maní o el cacahuate contiene vitaminas B1 y B2. Posee excelentes propiedades nutritivas: grasas 45% y proteínas 33%.
- La avena es muy útil para el tratamiento de enfermedades respiratorias, ayuda al tratamiento de la piel y dolores reumáticos. Es un producto que da mucha energía.
- La avellana es rica en vitamina E y en fibra; aporta calcio, por lo que se recomienda para prevenir enfermedades como la osteoporosis, así como magnesio y potasio. Su consumo también aporta minerales. Es rica en calcio, magnesio, potasio, hierro y fósforo. El fósforo es recomendable para aquellas personas que necesitan tener al día la memoria y la capacidad intelectual al cien por ciento.

CHAMPURRADO

PARA EL CHAMPURRADO:

10	tazas de agua
4	rajas de canela de 8 cm [3.2 in] de largo
500	g [1 lb 1 oz] de masa fresca
4-6	tablillas de chocolate mexicano de 90 g [3 oz] cada una, cortadas en trozos pequeños
	Azúcar al gusto

PARA LA GUARNICIÓN:

8	cucharaditas de ralladura de chocolate semiamargo

PARA PREPARAR EL CHAMPURRADO:

En una cacerola ponga a hervir el agua con las rajas de canela. En la licuadora o procesador de alimentos muela la masa con ½ taza de agua; hasta dejar una masa líquida. Incorpórela lentamente a la infusión de canela. Muévala constantemente hasta que espese. Baje el fuego. Añada el chocolate y el azúcar. Cocine el atole durante 5-10 minutos.

PRESENTACIÓN:

En tazas grandes calientes sirva ½ taza de champurrado hirviendo; al centro ponga una cucharadita de chocolate rallado semiamargo. Sirva de inmediato.

VARIACIONES:

- Agregue cacao asado y picado para que le de textura.
- Añada un poco de leche o crema.
- Sírvalo con churros.

NOTAS:

- Lave la canela, escúrrala y déjela orear antes de utilizarla en la receta.
- Mueva constantemente el champurrado para que no se queme.

PROPIEDADES:

- La masa de maíz contiene calcio, sodio, potasio y vitaminas A, B1, B2, B3 y C.
- La canela posee vitamina C; minerales como calcio, fósforo, hierro, potasio y sodio. Tiene propiedades digestivas y ayuda en el tratamiento de las anomalías respiratorias más comunes.
- El chocolate es un alimento rico en grasa vegetal, en vitaminas B1, B2, y C. Ayudan a la salud cardiovascular, previniendo las enfermedades del corazón o del desarrollo de cáncer.

GAVILLA

nacieron de la fecunda imaginación de Patricia Quintana,
reconocida internacionalmente como una de las mejores
chefs de México.

Los productos Gavilla están hechos con ingredientes
naturales que le dan el toque de sabor y distinción
a los platillos.

Estos aderezos y marinadas mantienen y guardan
las cualidades de la tradición de la cocina casera.

ADEREZO
DE MOSTAZA Y MIEL

Para ensaladas
Vegetales crudos o cocidos
(al vapor, a la plancha, o salteados)
Papas (al horno o ensalada)
Pescados y mariscos
Aves y carnes rojas
Carnes frías
Quesos

ADEREZO
DE SOYA Y LIMÓN

Para ensaladas
Vegetales crudos o cocidos
(al vapor, a la plancha, o salteados)
Arroz
Pasta fría
Quesos suaves
Sushi, pescados y mariscos
Para marinar brochetas (de aves y carnes rojas)

MARINADA DE ORÉGANO Y MEJORANA

Para marinar carnes y aves
Quesos (a la plancha o gratinados)
Verduras a la plancha

MARINADA DE ACHIOTE

Para marinar pescados y mariscos
Cochinita, conejo o pollo a la pibil
Tamales
Mixiotes

Más aderezos y salsas:

MARINADAS:
- ACHIOTE
- ORÉGANO Y MEJORANA

ADEREZOS:
- MOSTAZA Y MIEL
- CÉSAR A LA PARMESANA
- MIRIM CON CHILE DE ÁRBOL
- WASABE CON QUESO ROQUEFORT
- COLONIAL
- DE LA CASA

SALSAS:
- MAÑANERA (jitomate con jalapeño, asado)
- ARRIERA (tomate verde con chile de árbol y chile morita frito)
- JITOMATE CON CHIPOTLE (jitomate con chile mora frito y piloncillo)
- 3 CHILES (tomate verde, chile jalapeño, chile serrano y chile habanero)
- JALAPEÑO (tomate verde con jalapeño)

Esta obra fue impresa y encuadernada
en septiembre de 2010
en los talleres de BIGSA Industria Gráfica
que se localizan en
Polígono Industrial Congost
Avda./ Sant Juliá, 104-112. 08400 Granollers
Barcelona (España)

El diseño de interiores estuvo a cargo de Eduardo Romero Vargas
y la formación tipográfica a cargo de Judith Mazari Hiriart.